本书是国家社会科学基金一般项目"大国竞争对我国集成电路产业链（23BGL044）的阶段性研究成果

2023 | 中国供应链创新发展报告

湖 北 江 城 实 验 室
湖北供应链创新发展研究院
湖北科技产业信息研究中心

组 织 编 写

杨道州　主　编
张治河　熊炳桥　副主编

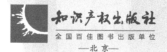

知识产权出版社

全国百佳图书出版单位

—北京—

图书在版编目（CIP）数据

中国供应链创新发展报告 . 2023 / 杨道州主编 .—北京：知识产权出版社，2024.12. —ISBN 978-7-5130-9745-1

Ⅰ. F259.21

中国国家版本馆 CIP 数据核字第 2024WL1706 号

内容提要

本书深入分析了中国供应链的现状和未来发展趋势，构建了"四网"评价模型，全面评估供应链的效能。本书不仅对中国供应链发展水平进行了综合分析，而且对各省市的供应链发展水平进行了分析评价，还梳理了部分城市供应链相关政策和供应链典型企业。本书适合供应链管理领域的专业人士、政策制定者、区域经济发展研究者、学术研究人员以及相关领域人员阅读。

责任编辑：李　潇　刘晓琳　　　　责任校对：谷　洋

封面设计：商　宓　　　　　　　　责任印制：刘译文

中国供应链创新发展报告（2023）

湖北江城实验室

湖北供应链创新发展研究院　　组织编写

湖北科技产业信息研究中心

杨道州　主编

张治河　熊炳桥　副主编

出版发行：知识产权出版社 有限责任公司		网　　址：http://www.ipph.cn	
社　　址：北京市海淀区气象路 50 号院		邮　　编：100081	
责编电话：010-82000860 转 8133		责编邮箱：191985408@qq.com	
发行电话：010-82000860 转 8101/8102		发行传真：010-82000893/82005070/82000270	
印　　刷：北京建宏印刷有限公司		经　　销：新华书店、各大网上书店及相关专业书店	
开　　本：720mm×1000mm　1/16		印　　张：8.25	
版　　次：2024 年 12 月第 1 版		印　　次：2024 年 12 月第 1 次印刷	
字　　数：143 千字		定　　价：98.00 元	

ISBN 978-7-5130-9745-1

编写组

主　　编：杨道州

副　主　编：张治河　熊炳桥

编写组成员：王石宇　成　升　雷紫雯　李伟庆

张雅婧　张　千　王群超　胡秋雨

张　晴　黎润瑾　张瑞东　熊婧文

徐港洲

习近平总书记在党的二十大报告中首次提出"着力提升产业链供应链韧性和安全水平"，并多次对产业链供应链安全做出重要指示，强调"要把增强产业链韧性和竞争力放在更加重要的位置，着力构建自主可控、安全高效的产业链供应链"。提升产业链供应链韧性和安全水平是建设现代化产业体系的必然要求，是构建新发展格局的迫切需要，是塑造全球竞争优势的战略选择，是推动经济长远发展的有力支撑。

当前，全球正经历百年未有之大变局，全球产业链供应链加速重构，并逐渐成为大国博弈的核心。因此，对供应链的认知不能局限于企业层面主体间原材料、库存等要素流动与相互连接的过程，而需要从"以问题为导向"转向"以情景为导向"，从方法论上形成一种系统性的供应链思维。以此为基础，积极释放供应链对促进新兴产业发展、推动社会经济建设、保障国家战略安全的辐射带动作用，进而不断催生新质生产力，助力国家综合竞争力全面升级。

本书紧跟全球供应链发展大势，深刻把握国家重大战略部署，创新性地从区域视角开展供应链发展研究，以构建供应链"四网"（"地网""天网""金网""商网"）为基础，设计供应链发展评估体系，对全国供应链发展水平进行评价（因香港、澳门、台湾地区的官方统计数据不足，暂未列入其中）。

"地网"是指通过优化物流基础设施，构建起的高效、便捷的物流网络。这个网络不仅包括传统的交通运输系统，还涵盖了现代物流中心、仓储设施、配送网络等，以实现物资的快速流通和供应链的高效运作。"地网"的建设对于提升区域物流效率、降低物流成本、增强产业集聚效应、加强国际物流综合能力以及强化现代物流战略支撑和引领能力具有重要意义。

"天网"是指利用大数据、云计算、物联网、人工智能等新兴技术构建的信息网络。这个网络通过整合供应链上下游的信息流，实现数据的实时共享和智能分析，从而提高供应链的透明度、响应速度和决策效率。"天网"的建设有助于提升区域供应链的智能化水平，能够促进供应链各环节之间的协同合作，通过共享信息和资源，降低整个供应链的运营成本，提高对市场变化的适应性，增强其在国内外市场中的竞争力。

"金网"是指供应链的金融服务网络。这个网络通过整合金融机构、供应链企业、政府部门等多方资源，为供应链中的企业提供定制化的金融服务，包括但不限于融资、结算、保险、风险管理等。"金网"的建设有助于解决中小企业融资难、融资贵的问题，通过提供一个高效、透明的金融信息服务平台，促进金融服务供需对接以及产业链和资金链的深度融合，为区域经济的发展提供强有力的金融支持。

"商网"是指以电子商务、在线市场、跨境贸易等为代表的商业交易网络，还包括供应链管理、物流配送、支付等多个环节的数字化和网络化。这个网络通过数字化手段，打破地域和时间的限制，实现商品和服务的全球流通。"商网"的建设有助于拓宽区域内企业的市场渠道，提高交易效率，促进内外贸的融合发展，实现资源的优化配置和产品的快速流通，降低企业成本，提高企业运行效率，并提升企业的市场竞争力，从而促进区域经济的多元化发展。

本书同步分析全国各地供应链体系建设及重要举措，展望全国供应链发展趋势，为建设安全稳定、畅通高效、开放包容、互利共赢的现代供应链体系提供了科学参考。

目　录

1

供应链发展形势简述

1.1 国际供应链发展态势

供应链是一个生态系统，通过系统内各环节的协同和优化，能够有效连接供给和需求，使系统达到效率最高、成本最低。当我们进入全球基础设施和数字互联时代，人们的需求都会有相应的供给，任何人无论何时何地都可能获得实物或虚拟供给，全球化供应链体系塑造了一个"供应链世界"。

近年来，国际环境动荡加剧，全球经济治理体系加速演变，产业发展面临多因素角力。各国为了赢得发展主动权，必须与世界上最重要的原材料、高科技和新兴市场建立起物理和经济上的联系，供应链竞争成为大国竞争的核心领域。美国等发达国家较早地意识到了大国竞争实质的转变，将供应链发展从企业微观层面上升至国家战略层面，积极出台供应链相关的政策法规，不断强调供应链成本效率和安全弹性，试图持续掌握对全球供应链的控制权，产业链供应链关键环节正迅速向北美、欧洲、东亚等地聚集。全球供应链发展态势呈现区域化合作、数字化加速、绿色化转型等特征。

美国推动供应链向本土化、区域化发展。美国是最系统地实施供应链政策的国家，2012 年出台了《全球供应链安全国家战略》，强调供应链安全和韧性。2021 年，美国政府围绕关键供应链开展风险与脆弱性审查。此后，美国出台了《联邦采购条例》《基础设施投资和就业法案》《芯片与科学法案》以及 2022 年振兴美国制造业和确保关键供应链安全的计划等系列政策，通过推进供应链物流现代化、提升关键核心技术和新兴技术等方式，保障本土供应链安全与韧性，增强在全球供应链领域的竞争优势。同时，美国政府在全球拓展供应链合作关系，推动建立"印太经济框架"、美国—欧盟贸易和技术委员会、美洲经济繁荣伙伴关系等，推动供应链近岸化和联盟化。

欧洲加快供应链向数字化、绿色化转型。一是提升供应链数字化水平。随着数字技术的快速发展和广泛应用，供应链数字化已经成为重组要素资源、创新供应链发展模式的关键举措。近年来，欧盟将数字化作为未来发展的优先事项，相继发布《2023 数字指南针：欧洲数字十年之路》《2030 数字十年政策方案》等系列政策，提出推动数字基础设施发展、助力企业数字化转型，以确保供应链和数字生态系统的安全和韧性。二是提升供应链绿色化标准。为应对气候变化、实现供应链降本增效，欧洲在绿色低碳领域开展新一轮的科技、政策、产业标准等方面的全方位竞争，相继出台《关键原材料法案》《欧洲绿色协议》《企业供应链尽职调查义务法案》等系列政策，通过对碳排放进口产品征收特别关税、提高供应链尽职调查要求等手段，提高企业出口欧洲的门槛。

东亚推进供应链自主化、多元化布局。受大国博弈、大宗商品价格波动等因素影响，全球供应链面临不安全、不稳定的挑战。如中国，受欧美"脱钩断链"政策影响，重点强调产业链供应链安全与韧性，加强关键核心技术攻关，积极推行"一带一路"倡议，推动原材料、能源、产品等供应链产品采购与销售渠道的多元化，让供应链成为国际合作的"共赢链"。如日本，提出加强供应链韧性的战略目标，制定海外供应链多元化支援、综合物流施策大纲等系列政策，通过完善物流公共基础设施建设、提高物流数字化程度、加大供应链人才培育力度、补贴本土制造能力、鼓励企业将生产基地多元化、建立国际供应链互补机制等多种方式，推动供应链发展。

1.2　中国供应链发展概况

1.2.1　党和国家高度重视供应链体系建设

中共中央对供应链的工作部署不断深入。党的十九大报告中首次提出"现代供应链"概念，现代供应链与传统供应链相对，具有数字化、智慧化、平台化、绿色化、全球化等特征。此后，习近平总书记在二十国集团领导人第十六次峰会、党的二十大、中央经济工作会议、上海合作组织成员国元首理事会第二十三次会议等重要会议上多次强调，要提升产业链供应链韧性和安全水平，维护全球产业链供应链稳定畅通。2023 年 11 月，在首届中国国际供应链促进博览会上，我国政府提出深化产业链供应链国际合作倡议，提出共同构筑安全稳定、畅通高效、开放包容、互利共赢的产业链供应链，进一步明确整体发展思路。

我国供应链发展政策体系逐步建立。以 2017 年印发的《国务院办公厅关于积极推进供应链创新与应用的指导意见》文件为标志，财政部、商务部、人民银行等部门发布重要政策文件，聚焦供应链金融、产业供应链、物流供应链、供应链数字化等领域，如《关于开展 2018 年流通领域现代供应链体系建设的通知》《关于支持加快农产品供应链体系建设 进一步促进冷链物流发展的通知》《商务部等 8 部门关于进一步做好供应链创新与应用试点工作的通知》《中国人民银行 工业和信息化部 司法部 商务部 国资委 市场监管总局 银保监会 外汇局关于规范发展供应链金融 支持供应链产业链稳定循环和优化升级的意见》等，对供应链发展进行系统部署。

1.2.2 地方加快推动供应链体系建设落地

在国家政策对供应链体系建设的助推下，各省市结合当地资源禀赋，陆续出台供应链相关规划、行动计划、指导意见、实施方案等，持续推动供应链战略政策落地实施。总体而言，东部地区政策引导力度较大，且兼具地方发展特色，如福建厦门在推动供应链平台建设、实现供应链高质量发展方面积累了成功经验；湖北、河南、安徽等中部地区已开展供应链发展专题研究并进行探索实践；西部地区供应链建设进程不一，四川、贵州等地区引领区域发展，其他地区供应链整体发展水平较为薄弱，政策引导力度存在进一步提升空间。

2

中国供应链发展评估体系

2.1 评估原则

中国供应链发展评估体系设计遵循以下原则：

——科学性原则。坚持供应链实践与理论研究相结合，使各项指标充分体现区域供应链发展特征，保证评估体系完整、可行。

——代表性原则。能够通过适量指标反映供应链整体发展特征，避免指标庞杂带来的低效率。

——可量化原则。选取与设定评估指标要含义明确，数据可获得、可计算。

——弹性原则。能够根据新形势新要求以及实际情况进行动态微调，保障评估体系的可持续。

2.2 评估指标体系设计

物流、信息流、资金流、商流是构成供应链的基础，结合新时期区域供应链发展的要素和特征，本体系从"地网""天网""金网""商网"四个维度构建了供应链发展评估"四网"模型。其中，"地网"反映区域供应链物流基础能力，"天网"反映区域供应链信息化支撑能力，"金网"反映区域供应链金融服务及供应链上市企业运营水平，"商网"反映区域商贸服务发展竞争力。"四网"模型结合统计学原理和计量分析方法，根据相关统计量进行判别，保证可解释性在较优的水平，以准确性和简洁性最高的法则确定指标，最终构建形成包含 4 个一级指标、8 个二级指标在内的供应链发展评估体系（见表 2-1）。

表 2-1 供应链发展评估体系

一级指标	二级指标	三级指标
"地网"	规模	运输线网密度
		社会物流总额
		货物周转量
		机场货邮吞吐量
	效率	社会物流总费用占地区生产总值比率
		A 级及以上物流企业数量
"天网"	规模	信息基础设施指数
		供应链信息化企业数量
		数字经济核心产业增加值
	效率	供应链企业信息化创新示范
		工业互联网平台应用水平
		政府信息资源共享效率
"金网"	规模	供应链金融企业数量
		供应链金融企业资产规模
	效率	供应链上市企业盈利能力
		供应链上市企业应收账款周转率
		供应上市链企业资产负债率
		供应链企业融资成本（利率）
"商网"	规模	社会消费品零售总额
		进出口总额
		亿元以上商品交易市场成交额
		进出口总额占地区生产总值比率
		高新技术产品出口占比
	效率	进出口整体通关时间

2.3 评估方法

2.3.1 标准化处理

本体系采用极差标准化法对样本数据进行标准化处理，具体如式（2-1）和式（2-2）所示。

$$S_{ij} = \frac{x_{ij} - \min(x_j)}{\max(x_j) - \min(x_j)} \quad \text{（正向指标）} \tag{2-1}$$

$$S_{ij} = \frac{\max(x_j) - x_{ij}}{\max(x_j) - \min(x_j)} \quad \text{（负向指标）} \tag{2-2}$$

式中，x_{ij} 和 S_{ij} 为第 i 个区域第 j 个指标在评估年度的原始数据以及标准化处理后的值；$\max(x_j)$ 和 $\min(x_j)$ 为各区域第 j 个指标的最大值与最小值。

2.3.2　评价方法细则

（1）权重确定。

本书采用主观与客观相结合的方式确定权重，其中主观方法为 Delphi 法，客观方法为机器学习算法。Delphi 法确定一级、二级指标权重，机器学习算法确定三级指标权重。

首先，使用 Delphi 法确定经验权重，向相关领域专家发放问卷，归纳统计后再匿名反馈给各专家，如此反复五轮，最终得到二级指标经验权重，一级指标权重为对应二级指标权重之和。

其次，以 Delphi 法确定的权重和相关领域专家的先验知识为标准，采用监督式的 XGboost 等机器学习算法，从历史数据拟合出相关指标的权重。

（2）加权综合。

加权计算是分层逐级进行的，在基础指标无量纲化后，结合机器学习算法权重得到三级指标得分，再与经验权重加权得到二级指标得分，最后加总得到一级指标得分。

（3）其他需要说明的问题。

本书研究数据来源于四个方面。一是 2019—2022 年全国 31 个省市国民经济和社会发展统计公报、2020—2023 年全国 31 个省市统计年鉴数据；二是商务部、国家发展和改革委员会、交通运输部等部门发布的统计数据；三是中国物流与采购联合会官网、企查查、天眼查等第三方网站统计数据；四是涉及的部分缺失数据通过线性插值法、特殊值填充法、平均值填充法、热卡填充法等方法予以补齐。

Delphi 法，自 20 世纪中叶由兰德公司创立，被广泛用于科技预测、政策分析等领域，因其结构化、匿名性而确保了专家意见的独立性和客观性。通过多轮征询和反馈，该方法提炼专家共识，减少权威影响和群体压力，可以提高决策的科学性和权威性。其实施过程遵循明确步骤和统计分析，增强了结果可靠性，被视为权威的专家咨询和决策支持工具。

XGBoost 算法自 2014 年推出，迅速成为机器学习领域的热门算法。它通过正则化和二阶泰勒展开优化目标函数，自动处理数据缺失，支持并行与分布式计算，高效处理稀疏数据，提高模型预测精度和运算效率。XGBoost 算法在数据科学竞赛中屡获佳绩，并在医疗、金融等领域得到实际应用验证，其理论与实践的结合及学术探讨，证明了其作为先进机器学习工具的可靠性和有效性。

本书将 Delphi 法与 XGBoost 算法结合，用于构建供应链评价指标体系。首先，利用 Delphi 法匿名征询确定指标的权重，课题组根据几轮反馈调整，得到较统一的结论，确保得到权重的有效性。其次，采用监督式的 XGboost 等机器学习算法对数据进行深入分析，优化模型，从历史数据拟合出相关指标的权重，作为最终结果。这种融合传统与现代技术的方法，增强了评价体系的可靠性和实用性，可以为供应链发展提供有力的决策支持。

3

中国供应链发展水平综合分析

3.1　总体排名 *

2022 年全国供应链发展水平总体排名及综合得分情况如表 3-1 所示。

东部地区在全国处于领先地位。广东以综合得分 78.86 排名第 1 位，上海以综合得分 51.94 排名第 2 位，北京、江苏、浙江和山东综合得分均超过 30，位居全国前列。综合得分位于前 10 位的省级行政区中，东部地区占据 7 席且排名靠前，广东表现尤为突出，连续 3 年蝉联第一位。

中西部地区入围前 10 位的是湖北、四川、河南。中西部地区的这三个省份供应链发展竞争力较强，连续两年冲进前十位。东北地区的整体发展水平有待提升，但辽宁以综合得分 14.32 位居全国第 20 位，处于全国中游水平，成为东北地区实现突破式发展的关键地区。

　　＊　由于港澳台地区并未发布本书涉及的相关统计数据，因此，本部分未对港澳台进行分析。

表 3-1　2022年全国供应链发展水平总体排名及综合得分

地区	排名	综合得分
广东	1	78.86
上海	2	51.94
北京	3	47.51
江苏	4	43.48
浙江	5	42.90
山东	6	36.97
福建	7	26.39
湖北	8	23.69
四川	9	23.62
河南	10	23.52
重庆	11	20.68
安徽	12	20.36
湖南	13	19.14
天津	14	17.81
江西	15	17.25
陕西	16	16.27
广西	17	16.08
河北	18	15.13
贵州	19	14.94
辽宁	20	14.32
云南	21	14.12
内蒙古	22	13.10
山西	23	11.98
黑龙江	24	9.96
吉林	25	9.95
海南	26	8.17
甘肃	27	7.72
新疆	28	7.58
宁夏	29	7.48
青海	30	1.61
西藏	31	0.87

3.1.1 "地网"发展水平分析

2022 年全国"地网"发展水平的总体排名情况如表 3-2 所示。

表 3-2 2022年全国"地网"发展水平总体排名

地区	排名	得分	
广东	1	20.93	
上海	2	15.38	
浙江	3	11.34	
江苏	4	10.98	
湖北	5	10.58	
山东	6	9.78	
河南	7	8.36	
安徽	8	6.19	
福建	9	6.17	
北京	10	5.88	
江西	11	5.53	
四川	12	5.46	
湖南	13	4.76	
重庆	14	4.56	
河北	15	4.46	
广西	16	3.57	
陕西	17	3.53	
云南	18	3.20	
贵州	19	3.05	
辽宁	20	2.97	
海南	21	2.72	
山西	22	2.58	
天津	23	2.53	
内蒙古	24	1.63	
吉林	25	1.57	
黑龙江	26	1.56	
新疆	27	1.35	
甘肃	28	1.16	
宁夏	29	1.02	
青海	30	0.39	
西藏	31	0.18	

从整体上看，东部地区名列前茅，中部地区发展势头强劲。广东、上海、浙江、江苏、湖北位于第一梯队，山东、河南、安徽、福建、北京位于第二梯队，其中，2022年广东的"地网"得分位居榜首，远高于排在第二位的上海。从区域分布情况来看，我国区域间物流水平发展逐步形成东部、中部领先，西部、东北部靠后的局面。排名前10位的行政区中有3个中部省级行政区、7个东部省级行政区。

2022年"地网"各分项指标得分情况如表3-3所示。

表3-3　2022年"地网"各分项指标得分情况

地区	运输线网密度	社会物流总额	货物周转量	机场货邮吞吐量	社会物流总费用占地区生产总值比率	A级及以上物流企业数量
广东	1.08	4.60	3.51	8.60	0.44	2.70
上海	2.02	0.29	4.05	8.21	0.48	0.32
浙江	1.05	2.34	1.68	2.45	0.42	3.41
江苏	1.42	4.09	1.47	1.45	0.44	2.11
湖北	1.39	1.15	0.93	0.72	0.49	5.90
山东	1.56	3.05	1.78	1.10	0.38	1.91
河南	1.37	2.00	1.46	1.52	0.46	1.56
安徽	1.45	0.86	1.40	0.17	0.43	1.88
福建	0.74	0.97	1.41	0.99	0.33	1.73
北京	1.18	1.03	0.11	2.75	0.60	0.21
江西	1.06	0.83	0.63	0.07	0.33	2.61
四川	0.67	1.11	0.39	1.53	0.36	1.41
湖南	0.98	1.47	0.35	0.35	0.40	1.20
重庆	1.95	0.36	0.47	1.00	0.42	0.35
河北	0.92	0.72	1.77	0.07	0.36	0.62
广西	0.64	0.65	0.63	0.37	0.40	0.88
陕西	0.73	0.63	0.53	0.49	0.42	0.73
云南	0.61	0.78	0.23	0.82	0.30	0.44
贵州	0.97	0.43	0.16	0.17	0.40	0.91
辽宁	0.73	0.55	0.56	0.61	0.38	0.15
海南	0.97	0.06	1.23	0.43	0.00	0.03
山西	0.75	0.33	0.80	0.07	0.28	0.35

续表

地区	运输线网密度	社会物流总额	货物周转量	机场货邮吞吐量	社会物流总费用占地区生产总值比率	A级及以上物流企业数量
天津	1.11	0.46	0.32	0.29	0.29	0.06
内蒙古	0.09	0.45	0.64	0.07	0.33	0.06
吉林	0.45	0.25	0.22	0.11	0.42	0.12
黑龙江	0.24	0.37	0.22	0.21	0.35	0.18
新疆	0.03	0.40	0.30	0.26	0.30	0.06
甘肃	0.24	0.18	0.45	0.10	0.18	0.00
宁夏	0.43	0.06	0.09	0.03	0.26	0.15
青海	0.03	0.01	0.07	0.00	0.25	0.03
西藏	0.00	0.00	0.00	0.04	0.14	0.00

注：西藏的运输线网密度、社会物流总额、货物周转量、A级及以上物流企业数量实际得分分别为 0.0000202、0.000046、0.0000405、0.000059，青海的机场货邮吞吐量实际得分为 0.000086，海南的社会物流总费用占地区生产总值比率实际得分为 0.00000603，甘肃的 A 级及以上物流企业数量实际得分为 0.000059。

从规模上看，地区之间差异明显。机场货邮吞吐量和货物周转量是衡量区域物流规模的重要指标，在"地网"指标中权重较高，也是影响物流发展指标的重要因素。广东、上海地区机场货邮吞吐量和货物周转量均远高于其他地区，具有明显的发展优势；北京近几年持续推进非首都功能疏解，货物周转量远低于"地网"总体排名前 10 位的其他地区；湖北物流基础设施较好，但机场货邮吞吐量和货物周转量在"地网"总体排名前 10 位的地区中表现较差。

从效率上看，东部、中部地区实力相当。湖北、浙江、广东为全国领先梯队，中部地区和东部地区共同排名全国前列，整体差异较小。在西部地区中，四川、重庆居上，上升趋势明显。在社会物流总费用占地区生产总值比率方面，北京社会物流总费用占地区生产总值比率进一步降低，物流现代化水平持续提高。在 A 级及以上物流企业数量方面，湖北连续两年排名全国第 1 位，现代物流业持续发展壮大。

3.1.2 "天网"发展水平分析

2022 年全国"天网"发展水平的总体排名情况如表 3-4 所示。

表3-4　2022年全国"天网"发展水平总体排名

地区	排名	得分
广东	1	25.68
北京	2	14.46
上海	3	14.21
浙江	4	12.85
江苏	5	12.65
山东	6	10.91
福建	7	8.38
天津	8	7.17
四川	9	6.64
广西	10	6.06
重庆	11	5.80
陕西	12	5.52
贵州	13	5.09
安徽	14	4.81
湖南	15	4.25
湖北	16	4.22
河北	17	3.82
河南	18	3.64
辽宁	19	3.42
江西	20	2.90
云南	21	2.87
吉林	22	2.74
黑龙江	23	2.41
海南	24	2.25
山西	25	1.77
内蒙古	26	1.54
宁夏	27	1.39
甘肃	28	1.29
新疆	29	1.23
青海	30	0.60
西藏	31	0.26

2022年"天网"各分项指标得分情况如表3-5所示。

表 3-5 2022年"天网"各分项指标得分情况

地区	信息基础设施指数	供应链信息化企业数量	数字经济核心产业增加值	供应链企业信息化创新示范	工业互联网平台应用水平	政府信息资源共享效率
广东	1.60	5.59	9.87	5.64	0.69	2.28
北京	1.74	2.67	0.78	6.11	0.59	2.56
上海	1.77	1.45	0.74	6.11	0.61	3.54
浙江	1.50	2.40	1.03	3.29	0.66	3.97
江苏	1.60	3.63	1.71	3.29	0.64	1.79
山东	1.02	1.75	1.59	1.88	0.61	4.07
福建	0.93	1.53	0.22	3.29	0.58	1.83
天津	0.97	0.35	0.65	2.35	0.55	2.30
四川	0.84	1.12	0.16	1.41	0.54	2.57
广西	0.65	0.30	0.46	1.88	0.47	2.30
重庆	1.31	0.55	0.38	0.94	0.57	2.05
陕西	0.65	0.57	0.28	2.35	0.51	1.15
贵州	0.83	0.49	0.21	0.00	0.46	3.11
安徽	0.72	0.82	0.57	0.94	0.53	1.23
湖南	0.60	0.87	0.19	1.41	0.57	0.60
湖北	0.93	1.53	0.46	0.47	0.51	0.32
河北	0.99	0.52	0.53	0.00	0.55	1.23
河南	0.89	0.71	0.49	0.94	0.53	0.09
辽宁	0.57	0.33	0.10	0.47	0.52	1.44
江西	0.60	0.68	0.21	0.00	0.50	0.91
云南	0.48	0.79	0.15	0.94	0.43	0.07
吉林	0.17	0.19	0.38	1.41	0.49	0.10
黑龙江	0.58	0.16	0.12	0.94	0.51	0.10
海南	0.28	0.08	0.09	0.00	0.00	1.80
山西	0.71	0.05	0.37	0.00	0.52	0.13
内蒙古	0.60	0.14	0.25	0.00	0.45	0.10

地区	信息基础设施指数	供应链信息化企业数量	数字经济核心产业增加值	供应链企业信息化创新示范	工业互联网平台应用水平	政府信息资源共享效率
宁夏	0.35	0.00	0.01	0.00	0.44	0.59
甘肃	0.47	0.03	0.09	0.00	0.43	0.27
新疆	0.00	0.19	0.15	0.47	0.42	0.00
青海	0.05	0.03	0.04	0.00	0.40	0.08
西藏	0.21	0.03	0.00	0.00	0.00	0.03

注：新疆的信息基础设施指数、政府信息资源共享效率实际得分分别为 0.0000177、0.0000407，宁夏的供应链信息化企业数量实际得分为 0.0000559，西藏的数字经济核心产业增加值、工业互联网平台应用水平实际得分分别为 0.0000987、0.00000693，贵州、河北、江西、海南、山西、内蒙古、宁夏、甘肃、青海、西藏的供应链企业信息化创新示范实际得分均为 0.0000611，海南的工业互联网平台应用水平实际得分为 0.00000693。

从整体上看，广东"天网"发展水平显著优于其他地区。广东"天网"得分以 25.68 位居第 1 位，数字化发展优势明显，供应链信息化企业数量排在第 1 位；数字经济核心产业增加值以 9.87 的高分排在第 1 位，连续 4 年领跑全国。

从规模上看，东部地区普遍靠前，中部地区湖北表现突出。广东、江苏位列第 1 位、第 2 位。湖北"天网"规模排名全国第 7 位，供应链数字化基础设施较扎实。西部地区四川、重庆、陕西表现较好，其中四川跻身全国第 10 位。广东"天网"规模排名全国第 1 位，5G 基站、数据中心、光缆等供应链数字化基础设施均在全国首位，数字经济规模 6.4 万亿元，持续保持较高增速。

从效率上看，区域间发展相差不大。各省工业互联网平台应用水平差距不大。山东、浙江、上海的政府资源共享效率排名前三位，政府公共信息资源对本地数字应用创新的贡献更大，海南、辽宁的表现也比较亮眼。据中国物流与采购联合会公开发布的供应链企业信息化创新示范评估显示，广东、北京、上海三地供应链企业创新能力更强，区域数字化引领行业创新发展能力突出。

3.1.3 "金网"发展水平分析

2022 年全国"金网"发展水平的总体排名情况如表 3-6 所示。

表 3-6　2022年全国"金网"发展水平总体排名

地区	排名	得分
北京	1	16.17
广东	2	13.81
上海	3	10.52
内蒙古	4	7.01
浙江	5	6.80
山东	6	5.70
江苏	7	5.50
湖南	8	5.14
四川	9	4.81
福建	10	4.62
河南	11	4.44
江西	12	3.93
辽宁	13	3.88
安徽	14	3.84
湖北	15	3.81
天津	16	3.73
黑龙江	17	3.58
山西	18	3.51
重庆	19	3.51
甘肃	20	3.41
云南	21	3.36
河北	22	3.25
陕西	23	3.18
贵州	24	3.17
新疆	25	3.12
吉林	26	2.89
宁夏	27	2.69
广西	28	2.51
海南	29	1.03
西藏	30	0.01
青海	31	0.00

注：青海的"金网"发展水平实际得分为 0.00295792。

2022 年"金网"各分项指标得分情况如表 3-7 所示。

表 3-7　2022年"金网"各分项指标得分情况

地区	供应链金融企业数量	供应链金融企业资产规模	供应链上市企业盈利能力	供应链上市企业应收账款周转率	供应链上市企业资产负债率	供应链企业融资成本（利率）
北京	4.56	8.99	0.66	0.49	0.51	0.96
广东	8.22	2.82	0.75	0.83	0.83	0.36
上海	3.68	3.38	0.76	1.25	0.91	0.55
内蒙古	0.25	0.26	0.87	3.77	0.98	0.88
浙江	2.35	1.34	0.67	0.74	0.83	0.87
山东	1.09	0.60	0.82	1.65	0.79	0.77
江苏	1.57	0.70	0.97	0.57	0.82	0.88
湖南	0.40	0.41	0.80	1.19	0.74	1.60
四川	0.83	0.31	0.86	1.32	1.02	0.47
福建	1.00	0.28	0.62	0.83	0.77	1.11
河南	0.72	1.01	0.85	0.66	0.00	1.20
江西	0.63	0.42	0.88	0.28	0.89	0.83
辽宁	0.38	0.04	0.82	0.65	0.99	1.01
安徽	0.28	0.67	0.82	0.66	0.71	0.70
湖北	0.62	0.35	0.84	1.30	0.53	0.17
天津	0.69	0.37	0.87	0.37	0.83	0.59
黑龙江	0.10	0.24	0.97	0.53	0.99	0.74
山西	0.15	0.15	0.88	0.19	1.23	0.91
重庆	0.63	0.32	0.81	0.87	0.46	0.41
甘肃	0.06	0.19	0.78	0.76	0.76	0.86
云南	0.13	0.06	0.78	0.80	0.85	0.74
河北	0.19	0.39	0.71	0.14	0.93	0.89
陕西	0.49	0.81	0.73	0.35	0.80	0.00
贵州	0.35	1.12	0.80	0.01	0.54	0.35
新疆	0.18	0.29	0.82	0.33	0.61	0.90
吉林	0.09	0.21	0.87	0.08	0.87	0.77
宁夏	0.00	0.00	0.84	0.73	0.56	0.57
广西	0.21	0.06	0.82	0.34	0.48	0.60

续表

地区	供应链金融企业数量	供应链金融企业资产规模	供应链上市企业盈利能力	供应链上市企业应收账款周转率	供应链上市企业资产负债率	供应链企业融资成本（利率）
海南	0.04	0.04	0.00	0.00	0.42	0.54
西藏	0.00	0.00	0.00	0.00	0.00	0.00
青海	0.00	0.00	0.00	0.00	0.00	0.00

注：宁夏、西藏、青海的供应链金融企业数量实际得分均为 0.0000822，西藏、青海、宁夏的供应链金融企业资产规模实际得分分别为 0.00494、0.0028、0.0000899，海南、西藏、青海的供应链上市企业盈利能力实际得分均为 0.00000972，海南、西藏、青海的供应链上市企业应收账款周转率实际得分均为 0.0000377，河南、西藏、青海的供应链上市企业资产负债率实际得分均为 0.0000123，陕西、西藏、青海的供应链企业融资成本（利率）实际得分均为 0.000016。

从整体上看，北京、广东、上海分别以 16.17、13.81、10.52 的得分占据"金网"排名的前三席，且相比去年排名位次未发生变化。其中，广东拥有 652 家供应链金融企业，居全国第 1 位，远超第 2 位北京的 362 家；北京集聚了大批企业总部，供应链金融企业资产规模高达 4383.90 亿元，超过其后四位上海、广东、浙江、贵州的资产规模之和。值得关注的是，内蒙古在"金网"排名跃升至第 4 位，是唯一跻身前五位的西部地区。湖北的"金网"得分全国排名第 15 位，较 2021 年下降 1 位，居全国中游。

从规模上看，多地供应链金融企业发展有待进一步加强。"金网"规模指标表现与"金网"总体排名表现类似，北京、广东、上海三地基于优越的金融发展环境和更强的供应链金融发展政策引导力度，培育了更多供应链金融企业，企业发展实力、服务能力、活跃程度等处于较高水平。其他地区的"金网"规模指标与前三名相比存在较大差距，供应链金融企业发展不足，"金网"主体培育环境有待进一步完善。

从效率上看，各区域均有排名靠前的省市，东部发达地区没有明显领先优势。从细分指标来看，内蒙古四项指标均衡性较好，效率方面连续两年排名第 1 位，供应链上市企业盈利能力和应收账款周转率表现比较突出，供应链企业经营效益较好，在经营效益与风险控制方面处于全国前列。内蒙古以农牧产品、矿产等资源型产业为特色的超大型企业（如伊利、蒙牛、包钢等）带动了供应链上的中小企业快速发展，形成以龙头企业推动地方供应链"金网"发展的特色模式。

3.1.4　"商网"发展水平分析

2022 年全国"商网"发展水平的总体排名情况如表 3-8 所示。

表3-8　2022年全国"商网"发展水平总体排名

地区	排名	得分	
广东	1	18.44	
江苏	2	14.34	
浙江	3	11.91	
上海	4	11.83	
北京	5	11.00	
山东	6	10.58	
福建	7	7.22	
河南	8	7.07	
重庆	9	6.81	
四川	10	6.71	
安徽	11	5.51	
湖北	12	5.09	
湖南	13	4.98	
江西	14	4.89	
云南	15	4.70	
天津	16	4.38	
山西	17	4.12	
辽宁	18	4.05	
陕西	19	4.04	
广西	20	3.94	
贵州	21	3.63	
河北	22	3.60	
内蒙古	23	2.91	
吉林	24	2.75	
黑龙江	25	2.41	
宁夏	26	2.38	
海南	27	2.17	
新疆	28	1.87	
甘肃	29	1.85	
青海	30	0.62	
西藏	31	0.42	

2022 年"商网"各分项指标得分情况如表 3-9 所示。

表3-9 2022年"商网"各分项指标得分情况

地区	社会消费品零售总额	进出口总额	亿元以上商品交易市场成交额	进出口总额占地区生产总值比率	高新技术产品出口占比	进出口整体通关时间
广东	3.40	7.10	3.40	2.70	1.10	0.74
江苏	3.24	4.65	3.24	1.84	1.14	0.23
浙江	2.29	4.00	2.29	2.52	0.31	0.50
上海	1.21	3.58	1.21	3.96	1.20	0.67
北京	1.01	3.11	1.01	3.69	1.60	0.58
山东	2.51	2.84	2.51	1.58	0.42	0.71
福建	1.57	1.69	1.57	1.54	0.33	0.54
河南	1.82	0.72	1.82	0.54	1.74	0.41
重庆	1.02	0.69	1.02	1.14	2.43	0.52
四川	1.80	0.86	1.80	0.71	1.54	0.00
安徽	1.60	0.64	1.60	0.66	0.92	0.09
湖北	1.65	0.52	1.65	0.44	0.56	0.26
湖南	1.41	0.60	1.41	0.57	0.34	0.66
江西	0.93	0.57	0.93	0.84	0.78	0.83
云南	0.78	0.31	0.78	0.49	1.40	0.94
天津	0.22	0.72	0.22	2.16	0.70	0.36
山西	0.53	0.15	0.53	0.26	2.23	0.43
辽宁	0.68	0.67	0.68	1.11	0.44	0.47
陕西	0.75	0.41	0.75	0.58	1.15	0.41
广西	0.60	0.56	0.60	1.02	0.33	0.83
贵州	0.60	0.06	0.60	0.12	1.20	1.05
河北	1.00	0.48	1.00	0.52	0.23	0.38
内蒙古	0.33	0.13	0.33	0.23	1.16	0.75
吉林	0.24	0.13	0.24	0.46	1.26	0.42
黑龙江	0.35	0.22	0.35	0.66	0.33	0.50
宁夏	0.05	0.02	0.05	0.17	1.20	0.90

地区	社会消费品零售总额	进出口总额	亿元以上商品交易市场成交额	进出口总额占地区生产总值比率	高新技术产品出口占比	进出口整体通关时间
海南	0.12	0.17	0.12	1.21	0.12	0.44
新疆	0.19	0.03	0.19	0.04	0.57	0.85
甘肃	0.25	0.05	0.25	0.17	0.34	0.80
青海	0.01	0.00	0.01	0.00	0.03	0.57
西藏	0.00	0.00	0.00	0.04	0.00	0.38

注：西藏的社会消费品零售总额、进出口总额、亿元以上商品交易市场成交额、高新技术产品出口占比实际得分分别为 0.000034、0.000257、0.000034、0.0000243，青海的进出口总额、进出口总额占地区生产总值比率实际得分分别为 0.000071、0.0000396，四川的进出口整体通关时间实际得分为 0.0000105。

从整体上看，东部地区商贸发展领先全国。广东、江苏、浙江、上海、北京和山东处于第一梯队，福建、河南、重庆、四川、安徽和湖北处于第二梯队。其中，广东以"商网"得分 18.44 位居榜首。从整体来看，区域间"商网"发展存在不均衡现象，东部地区凭借商业经济发达、水运交通便捷、外贸积淀深厚等优势领先全国，中部地区较为均衡，西部地区部分省份明显低于全国平均水平。

从规模上看，沿海地区贸易繁荣，"商网"竞争力强。广东、江苏、浙江和上海等东部地区贸易量级全国领先，在"商网"规模中占据第一梯队；河南、重庆、四川、安徽、湖北和湖南等地区位列第二梯队；内蒙古、宁夏等地区位列第三梯队。其中，广东"商网"规模排名第 1 位，2022 年社会消费品零售总额、进出口总额、亿元以上商品交易市场成交额均排名全国首位，实现了贸易资源高效集聚和高质量发展。

从效率上看，"一带一路"倡议推动西部地区"商网"效率提升。各省"商网"效率排名与规模有明显区别，沿海地区无明显优势，而贵州、云南、宁夏等西部地区排名领先。广西积极参与共建"一带一路"，加强与东南亚地区经贸合作，西部陆海新通道建设取得明显成效，进出口整体通关时间不断缩短。贵州通过大力推广国际贸易"单一窗口"，提升跨境贸易便利度，进出口整体通关时间为 7.15 小时，居全国第 1 位。云南、宁夏、新疆等西部省份"商网"效率排名也位于前列。

3.2 供应链发展水平与区域经济发展水平强关联

2022 年，各省级行政区供应链发展综合得分与地区生产总值的关联分析如图 3-1 所示，各省级行政区供应链发展综合得分与第二产业、第三产业增加值的关联分析如图 3-2 所示。

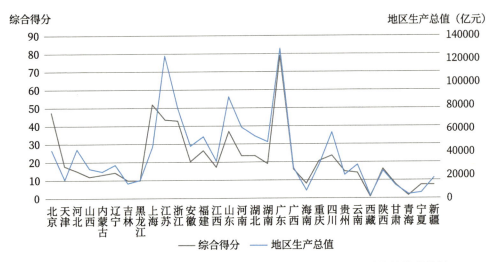

图 3-1　2022年各省级行政区供应链发展综合得分与地区生产总值的关联分析

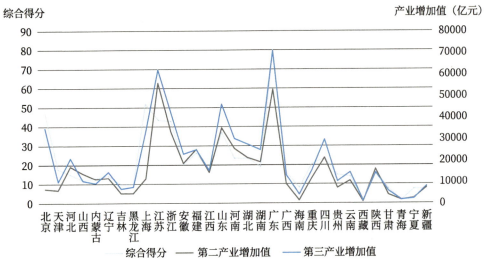

图 3-2　2022年各省级行政区供应链发展综合得分与第二产业、第三产业增加值的关联分析

区域供应链发展水平与区域经济发展水平具有明显关联性，且对推动现代化产业体系建设具有重要作用。供应链发展综合得分与各省级行政区地区生产总值水平的皮尔森相关系数达 0.847，说明两者具有较强关联性。此外，供应链发展综合得分与第一产业、第二产业和第三产业增加值的皮尔森相关系数分别为 0.298、0.751 和 0.921，显示区域供应链发展水平与第二产业、第三产业增加值具有较强关联性，体现出供应链发展在推动现代化产业体系建设中的重要作用。

3.3　全国供应链发展呈现三个梯队

按照供应链发展综合得分，全国 31 个省级行政区可分为三个梯队。

第一梯队综合得分不小于 30（含 30），有 6 个地区：广东、上海、北京、江苏、浙江、山东，集中在东部地区，"四网"发展均衡且位于全国前列。

第二梯队综合得分小于 30 且不小于 10（含 10），有 17 个地区：福建、湖北、四川、河南、重庆、安徽、湖南、天津、江西、陕西、广西、河北、贵州、辽宁、云南、内蒙古、山西，集中在中部、西部地区，部分指标表现较好，但供应链整体发展不够全面。

第三梯队综合得分小于 10，有 8 个地区：黑龙江、吉林、海南、甘肃、新疆、宁夏、青海、西藏，集中在西部、东北地区，供应链发展水平有待提升。

3.4　年度比较：梯队内部排名变动剧烈

2021—2022 年，全国各省级行政区供应链发展综合排名与变化如表 3-10 所示。

表 3-10　2021—2022 年全国各省级行政区供应链发展综合排名与变化

地区	2022年排名	2021年排名	排名变化	地区	2022年排名	2021年排名	排名变化
广东	1	1	0	广西	17	18	1
上海	2	2	0	河北	18	17	-1
北京	3	5	2	贵州	19	20	1
江苏	4	3	-1	辽宁	20	19	-1
浙江	5	4	-1	云南	21	23	2
山东	6	6	0	内蒙古	22	21	-1
福建	7	8	1	山西	23	22	-1
湖北	8	9	1	黑龙江	24	25	1
四川	9	7	-2	吉林	25	28	3
河南	10	10	0	海南	26	26	0

地区	2022年排名	2021年排名	排名变化	地区	2022年排名	2021年排名	排名变化
重庆	11	12	1	甘肃	27	27	0
安徽	12	11	−1	新疆	28	29	1
湖南	13	13	0	宁夏	29	24	−5
天津	14	16	2	青海	30	30	0
江西	15	14	−1	西藏	31	31	0
陕西	16	15	−1				

注：表中排名变化，0表示排名未发生变化，正数表示排名上升的名次，负数表示排名下降的名次。

与前一年度相比，2022年各省级行政区所属梯队并未发生变化，但内部排名变动剧烈，共有22个省份排名出现变化。第一梯队中，北京超越江苏、浙江，排在全国第3位，供应链发展成效显著。第二梯队中，福建取代四川排在全国第7位，福建、湖北、重庆、天津、广西、贵州、云南等7个省份排名上升，四川、安徽、江西、陕西、河北、辽宁、内蒙古、山西等8个省份排名下降，但各省份上升、下降幅度均未超过2位。第三梯队中，吉林上升3位，供应链发展动力强劲，宁夏则下降5位。

4 区域供应链发展水平分析

基于"四网"框架，本章对省域供应链发展水平进行深入分析。由于香港、澳门、台湾地区并未公开发布本书所需的相关统计数据，所以本章分析暂未涉及这三个地区。此外，西藏和青海地区由于相关统计数据较少，无法进行深入分析，本章也未涉及这两个地区。

4.1 广东

2022 年，广东供应链发展水平综合得分为 78.86，位居全国榜首。"地网""天网""商网"排名均为全国第 1 位，"金网"排名全国第 2 位，"四网"发展全面领先。2022 年，广东"四网"的得分情况如图 4-1 所示，排名情况如表 4-1 所示。

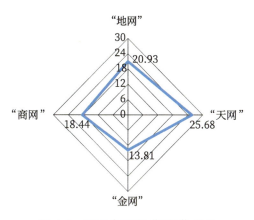

图 4-1　2022年广东"四网"得分

表 4-1　2022年广东供应链发展水平排名

项目	得分	排名	分项指标排名	
			规模	效率
"地网"	20.93	1	1	3
"天网"	25.68	1	1	3
"金网"	13.81	2	2	17
"商网"	18.44	1	1	9
综合得分	78.86	1	—	—

广东"地网"地位凸显，枢纽能级不断提升。广东作为我国重要的物流运输枢纽，社会物流总额达到 34.57 万亿元，较上年上升 4.14%；货物周转量为 2.84 万亿吨公里，同比增长 0.10%；社会物流总费用占地区生产总值比率为 14.03%，社会物流总费用规模增速减缓，提质增效成果显著。货运市场受市场供需的影响，货运周转量、机场货邮吞吐量较上年均有所下降。

广东"金网"稳健增长，金融"活水"助力经济发展。广东作为金融强省，有 652 家供应链金融企业，企业数量排名全国首位，但供应链金融效率仅排名第 17 位，显示其供应链上市企业盈利能力和风险控制能力有待提升。

广东"商网"内需潜能释放，展现强大市场韧性。2022 年，广东"促消费、稳增长"等系列措施得到有效开展，内部消费需求持续释放，实现社会消费品零售总额 4.49 万亿元，比上年增长 1.60%，表现出了强大的市场韧性。在对外贸易方面，广东进出口总额位列全国第 1 位，但高新技术产品出口占比 33.40%，排名全国第 14 位，较去年下降，说明广东对外出口仍偏向传统产业。

广东省供应链发展水平全国领先，以省会广州为代表，全省十分重视供应链发展。"十四五"以来，广州成立了以市长为组长的物流发展和供应链建设领导小组，全面部署物流供应链建设规划工作，以打造国际供应链组织管理中心为目标，已经在供应链金融和商贸方面推出系列创新举措。

——规划打造国际供应链组织管理中心。2021 年 10 月，广州市商务局印发《广州市"十四五"供应链体系建设规划》，预计到 2025 年，实现以下主要目标："民生供应链更加安全稳定。提高重要民生产品自给率，提升农产品安全和供给效率。民生应急供应链体系建设取得成效，应急响应和应急组织能力显著提高。产业供应链自主可控能力显著增强。提升产业创新能力，突破关键技术环节和价值增值环节的'卡脖子'难题。提升产业安全可控性，形成产业备份系统，关键时刻能实现供求均衡和自我循环。供应链水平与效率显著提升。提高资源配置能力，空港、海港、铁路、公路枢纽等设施和集疏运系统建设不断完善。提高服务支撑能力，供应链物流的专业化、标准化、集装化水平进一步提高，供应链公共服务新模式广泛应用，实现经济运行更加高效、便利、有序。"从推动大湾区一体化、推动国内联动合作、拓展布局全球市场三个层面构建广州供应链发展新格局。至 2025 年，将广州打造为亚太供应链组织管理中心；至 2035 年，将广州打造为国际供应链组织管理中心。

——加强供应链金融产品创新与运用。一是成立广州金融发展服务中心和广州市数字金融协会。2018 年，广州金融发展服务中心成立，以建设成为推动供应链金融创新发展的地方公共服务平台为宗旨，为企业提供全方位、更优质的供应链金融服务。2020 年，广州市数字金融协会成立，并组建了供应链金融研究中心、供应链金融专业委员会，负责研究发布供应链金融专业标准和指南，加强金融、科技、产业之间的跨领域专业研究和交流合作，为供应链金融高质量发展提供专业支撑。二是强化政策支持。2019—2020 年，广州市地方金融监督管理局印发《广州市关于促进供应链金融发展的实施意见》《广州市推进供应链金融服务中小微企业创新试点实施方案》等政策文件，推进各类市场主体创新发展供应链金融、营造发展供应链金融良好市场环境。2023 年 6 月，《中共广东省委 广东省人民政府关于高质量建设制造强省的意见》出台，提出深入发展产业链与供应链金融模式，促进产业链与供应链内信用资源流转，满足中小企业资金融通需求。

——持续完善现代商贸流通体系。广州坚持产业物流融合发展原则，依托广州白云机场综合保税区、广州南沙综合保税区、中心城区批发商圈及配套物流仓储设施形成 4 个商贸流通型供应链发展区，发挥广州跨境电商和批发商贸业优势，优化商品交易市场网络，推动广州商贸供应链发展。

4.2 　上海

2022 年，上海供应链发展水平综合得分为 51.94，位居全国第 2 位，供应链综合发展水平处于领先地位。从分项指标来看，"地网"排名第 2 位，"天网"排名第

3 位，"金网"排名第 3 位，"商网"排名第 4 位。2022 年，上海"四网"的得分情况如图 4-2 所示，排名情况如表 4-2 所示。

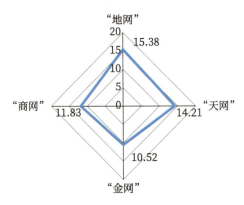

图 4-2　2022年上海"四网"得分

表 4-2　2022年上海供应链发展水平排名

项目	得分	排名	分项指标排名	
			规模	效率
"地网"	15.38	2	2	17
"天网"	14.21	3	6	1
"金网"	10.52	3	3	5
"商网"	11.83	4	4	11
综合得分	51.94	2	—	—

上海"地网"优势突出，形成四通八达的枢纽网络。上海依托浦东国际机场和虹桥国际机场，机场货邮吞吐量达到 330.20 万吨，远超其他省级行政区；依靠辐射全国的公路、铁路线网和联通国际的港口，上海货物周转量达 3.20 万亿吨公里。总体来看，2022 年上海"地网"各项发展指标依然排在全国前列。

上海"天网"发展水平引领全国，持续开展供应链数字化创新。上海近年持续加强 5G、数据中心、工业互联网、算力平台等基础设施布局，信息基础设施指数达 91.71，位居全国第 1 位，上海领先的数字基建为数字化供应链发展提供了坚实基础；供应链信息化创新示范企业有 13 家，企业供应链创新实践能力强。

上海作为全球最大的口岸贸易城市，既是我国在全球供应链上的"关键卡位"，也是服务长三角、服务全国的战略枢纽和链接，上海也是第一批全国供应链创新与应用示范城市。上海注重提前布局、提前谋划，坚持开放创新，推动供应链不断更新，走在前列。

——建设具有全球影响力的供应链资源配置中心。2017 年，上海被列入国家供应链体系建设首批重点城市。上海制订《上海供应链体系建设试点方案》，在物流标准化、延伸追溯链条、打造智慧供应链平台三大领域开展综合性试点项目建设。2018 年，上海发布《关于本市积极推进供应链创新与应用的实施意见》，聚焦制造供应链、流通供应链、农业供应链、供应链金融、绿色供应链、全球供应链、供应链政府治理和公共服务新模式等七大重点任务，积极推进供应链创新与应用。

——跨主体合作推进数字化供应链。一是成立数字化供应链产业联盟。2022 年 7 月在上海市经济和信息化委员会的推动下，上海长三角产业互联网促进中心和上海产业互联网有限公司发起成立数字化供应链产业联盟，成员单位以在沪央企以及上海集团型国企的供应链服务平台为主，推动产业电商与生态企业的有机衔接和协同创新，促进供应链数字化转型。二是促进产业链供应链数字化发展。2021 年，上海市经济和信息化委员会发布《推进上海经济数字化转型 赋能高质量发展行动方案（2021—2023 年）》，提出"以数据融通为纽带，促进产业链供应链稳定运行。聚焦电子信息、生物医药、汽车、能源、钢铁、化工、航空、航天、核电、化工等 10 个领域，打造数字供应链体系。建设'双链'知识图谱，精准感知运行态势，完善实时监测、自动预警、快速修复机制。发挥链主枢纽作用，激发中小企业双创活力，促进产用融通和上下游协同攻关，实现强链固链。分级分类培育 10 个新型工业电商平台，打造 10 个供应链金融标杆示范"。

4.3　北京

2022 年，北京供应链发展水平综合得分为 47.51，排名全国第 3 位，较上年提升 2 位。从分项指标来看，"地网"排名第 10 位、"天网"排名第 2 位、"金网"排名第 1 位、"商网"排名第 5 位。2022 年，北京"四网"的得分情况如图 4-3 所示，排名情况如表 4-3 所示。

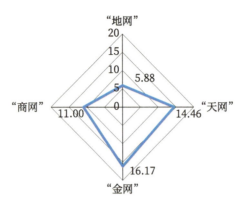

图 4-3　2022年北京"四网"得分

表 4-3　2022年北京供应链发展水平排名

项目	得分	排名	分项指标排名	
			规模	效率
"地网"	5.58	10	7	16
"天网"	14.46	2	3	2
"金网"	16.17	1	1	23
"商网"	11.00	5	5	13
综合得分	47.51	3	—	—

北京"天网"实力雄厚，供应链数字化基础设施完备。北京信息基础指数为91.38，连续三年排名全国第1位，科教资源集中，在云计算、大数据、人工智能等关键技术上具备雄厚实力，是供应链信息技术的策源地，并聚集了全国的供应链优秀企业，供应链信息化创新示范企业数量全国最多。

北京"金网"领跑全国，供应链金融生态优势凸显。供应链金融作为一种普惠金融模式，主要来自政策驱动。北京在政策制定、政策推行等方面具有更大优势，且金融生态稳定、金融意识成熟，能够接受创新与试点，在全国具有较强的竞争力；同时北京作为众多大型企业总部的所在地，供应链金融企业数量最多，供应链金融企业资产规模排名全国第1位。

北京"商网"总体稳定，外贸出口结构不断优化。"商网"排名第5位，与2021年排名保持一致。受疫情影响，社会消费品零售总额为 1.38 万亿元，同比下降 7.20%；在对外贸易方面，随着《区域全面经济伙伴关系协定》（RCEP）利好信息持续释放和"一带一路"建设走深走实，为北京外贸出口增长提供了重要保障，实现进出口总额 3.64 万亿元，较上年增加 6.16%；在"双碳"目标的驱动下，北京制造业正向高端化、绿色化、智能化不断转型，高新技术产品出口占比达 48.22%。

北京是我国政治中心、经济中心，在政策的制定与推行上有得天独厚的优势，并以深厚的产业基础支持供应链试点与创新工作。北京从外部环境与内部生态共同发力，借助开放宽松的政策环境与全面健康的供应链生态，推动供应链综合水平不断提高。

——持续发布供应链金融支持政策。2022 年，北京市地方金融服务工作领导小组发布《北京市"十四五"时期金融业发展规划》，提出："发挥龙头企业和上市公司的带动作用，推动供应链金融健康发展，为产业链、供应链上下游企业提供金融支持。鼓励金融机构优化供应链金融业务流程，提供融资、现金管理等金融服务。加强北京供应链综合金融服务平台建设，支持平台与国家应收账款融资服务平台、征信系统等基础设施平台系统对接。在供应链金融、融资租赁、商业保理等产业金融中建立"企银保担"等多方合作和风险分摊机制。促进政府部门、金融机构和行业协会信息共享，共筑供应链金融风险防控机制。"2022 年 11 月，北京市人民代表大会常务委员会发布《北京市数字经济促进条例》，立足北京数字经济资源禀赋、积极回应数字经济发展的客观需求，支持数字化供应链发展，特别提出支持产业互联网平台整合产业资源，提供供应链金融等创新服务。

——统筹布局，促进物流和制造业融合发展。2021 年 11 月，北京市发展和改革委员会发布《北京市"十四五"时期现代服务业发展规划》，提出超大城市流通体系优化行动，以融入国内国际双循环为引领，推动国内国际要素大聚集、大流通、大交易，确保双循环产业链供应链稳定高效顺畅，打造全球供应链枢纽城市。2023 年，北京市发布《北京市发展和改革委员会等 11 部门关于北京市推动先进制造业和现代服务业深度融合发展的实施意见》，提出促进现代物流和制造业高效融合。引导大型流通企业向供应链集成服务商转型，提供专业化、一体化的供应链管理服务。支持物流企业与制造企业协同共建供应链，培育一批具有全球竞争力的物流供应链创新示范企业。推动产业链拓展延伸、创新链精准适配、供应链安全可靠、价值链高端跃升，为首都高质量发展提供支撑。

4.4 江苏

2022 年，江苏供应链发展水平综合得分为 43.48，排名全国第 4 位，较去年下降 1 位。从分项指标来看，"地网"排名第 4 位，"天网"排名第 5 位，"金网"排名第 7 位，"商网"排名第 2 位。2022 年，江苏"四网"的得分情况如图 4-4 所示，排名情况如表 4-4 所示。

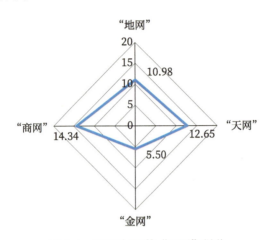

图 4-4   2022年江苏"四网"得分

表 4-4   2022年江苏供应链发展水平排名

项目	得分	排名	分项指标排名	
			规模	效率
"地网"	10.98	4	3	5
"天网"	12.65	5	2	6
"金网"	5.50	7	5	8
"商网"	14.34	2	2	29
综合得分	43.48	4	—	—

江苏"地网"基础良好，夯实了供应链发展根基。江苏物流规模稳定增长，社会物流总额达 38 万亿，同比增长 4.80%；社会物流总费用与地区生产总值比率低于全国平均水平 1.00%；A 级及以上物流企业数量 2022 年新增 72 家，现代物流企业快速成长。

江苏"商网"高度发达，加速供应链价值实现。在对内贸易规模方面，江苏积极策划推出"苏新消费"等政策，激活内需市场，社会消费品零售总额为4.28万亿元，位居全国第2位；对外贸易方面，江苏大力推进跨境电商综试区建设，2022年新增3个国家级跨境电子商务综合试验区，新增2个国家进口贸易促进创新示范区，实现进出口总额5.40万亿，同比增长4.80%，占全国比重达12.90%。江苏产业体系完整，贸易高度发达，拥有数量众多的亿元商品交易市场，涵盖农副产品、轻工业品、高科技产品等多个领域，亿元以上商品交易市场成交额达2.16万亿元，居全国第2位，显示出强大的供应链集聚效应。

江苏既有优质的沿海口岸，又有便利的陆路交通，自古以来便是商贸交易的集中地。江苏充分发挥区位优势，持续推进供应链贸易发展，紧紧抓住供应链价值实现的最终环节，取得了独一无二的竞争优势。

——以供应链创新推动物流高质量发展。2018年4月，江苏省人民政府办公厅发布《省政府办公厅关于推进供应链创新与应用培育经济增长新动能的实施意见》，以培育供应链骨干企业为核心，以供应链创新促进优势产业发展，将基本建立绿色供应链体系、有效融入全球供应链网络、供应链综合竞争力位居全国前列等列为目标任务。同时，建立了江苏省供应链创新与应用工作联席会议机制，旨在加强政府引导，强化政策支持，为供应链创新与应用营造良好的发展环境。2021年，江苏省人民政府办公厅印发《江苏省"十四五"现代物流业发展规划》，围绕物流枢纽、产业融合、智慧物流、区域物流、城乡物流、国际物流、绿色物流和专业物流等八大任务，大力推进全省现代物流高质量发展。总体目标是到2025年，基本形成枢纽引领、内联外通、集约高效、智慧共享、绿色安全的现代物流体系，建设成为全国物流高质量发展示范区、物流数字化建设先行区、物流降本增效综合改革试验区。

——系统布局促进商贸服务能级提升。一是试点先行。2021年，江苏省商务厅制定《省商务厅关于加快现代商贸流通体系建设工作的意见》《全省现代商贸流通体系建设示范区管理办法（试行）》，支持有条件的地方先行先试、探索实践，积极打造"现代商贸流通体系建设示范区"。二是培育壮大现代商贸流通企业。开展商贸流通龙头企业培育壮大工程、传统商贸流通企业转型促进工程等，推动商贸物流企业打造一体化供应链服务体系。三是优化商贸物流网络布局。2021年，江苏省商务厅等9部门发布《江苏省商贸物流高质量发展专项行动工作方案（2021—2025年）》，提出统筹推进城市商业、物流、交通等基础设施融通发展。四是推动区域商贸流通体系融合发展。2023 年，江苏联合上海、浙江、安徽共同签署《深化长三角区域市场一体化商务发展合作协议》，重点在推进市场规则制度共通、商业基础设施共联、商贸流通体系共享、农产品产销协作共赢、供应链区域合作共促、市场消费环境共建等 6 个方面开展合作，合力促进大流通，形成大市场。

4.5 浙江

2022 年，浙江供应链发展水平综合得分为 42.90，排名全国第 5 位，供应链发展竞争力位于全国前列。从分项指标来看，浙江"地网"排名第 3 位，"天网"排名第 4 位，"金网"排名第 5 位，"商网"排名第 3 位。2022 年，浙江"四网"的得分情况如图 4-5 所示，排名情况如表 4-5 所示。

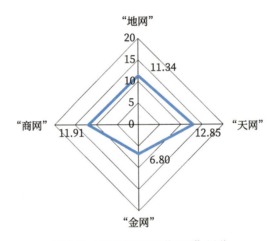

图 4-5   2022年浙江"四网"得分

表 4-5   2022年浙江供应链发展水平排名

项目	得分	排名	二级指标排名	
			规模	效率
"地网"	11.34	3	4	2
"天网"	12.85	4	4	4
"金网"	6.80	5	4	13
"商网"	11.91	3	3	18
综合得分	42.90	5	—	—

浙江"地网"建设完善，物流发展水平领跑全国。浙江省内有杭州萧山国际机

场、宁波栎社国际机场、温州龙湾国际机场等 3 个国际机场与完善的交通网络，年货物周转量为 1.35 万亿吨公里，年机场货邮吞吐量为 99.50 万吨，反映出浙江在供应链物流发展上的强大优势。2022 年，浙江 A 级及以上物流企业数量新增 116 家，位居全国第 2 位，展现出物流市场主体旺盛活力及强大竞争力，推动浙江现代物流产业的高质量发展。

浙江"商网"实力强劲，外贸发展稳中有进。2022 年"商网"规模位居全国第 3 位，进出口额达 4.68 万亿元，同比增长 13.10%；进出口总额占地区生产总值比率高达 60.27%，外贸大省地位持续巩固。其中高新技术产品出口额为 0.35 万亿元，占出口总额 10.10%，同比提升 1.10%，但在全国排名较为落后，需进一步提升。

在推动供应链发展方面，浙江坚持系统谋划与重点突破的原则，结合当地资源特征、产业特色和企业转型诉求等，系统谋划制订推动全省供应链现代化的目标。

——系统谋划全省供应链现代化发展。2019 年，浙江建立了现代供应链发展联盟和专家委员会服务机制，夯实行业联盟和智库基础，系统谋划供应链体系建设。2021 年，浙江省商务厅印发《浙江省现代供应链发展"十四五"规划》，重点实施数智化网链融合行动、产业供应链平台培育行动、供应链全球化升级行动、供应链金融普惠行动、供应链安全强基行动、绿色供应链深化行动、试点示范标杆引领行动、公共服务全覆盖行动等八大重点行动。目标是到 2035 年，基本建成创新力全国领先、全链高效协同、自主安全可控的浙江现代供应链体系，成为国内领先、国际知名的重点产业供应链资源配置中心、供应链创新发展重要中心和现代供应链服务外包基地，全面建成全国产业链供应链现代化"重要窗口"。

——推出供应链试点专项激励政策。2020 年，《中国银保监会 浙江监管局 浙江省商务厅关于深化供应链金融服务促进产业链资金链畅通的通知》印发。同时，浙江省商务厅联合省财政厅在全国率先推出供应链试点专项激励政策，联合中国银保监会、浙江监管局在全国率先开展供应链金融支持小微企业发展试点，对试点企业实行"一企一策"对接服务；联合中国银保监会、浙江监管局创新政策引导方式，积极组织银企对接，鼓励金融机构通过整合链上企业相关数据，搭建供应链金融服务平台，打造产业供应链金融服务标杆，有效促进了全省现代供应链金融创新应用。

——全面布局供应链数字化转型。一是推动供应链数字化改革。在农产品流通、电商产品柔性定制、"海陆空铁"多式联运等领域，建立一批省级供应链协同创新综合体，推进新一代网络信息技术及数智化管理方法在供应链领域的创新应用，在供应链创新中打造数字化改革的样板。二是推进产业"大脑建设"。2021年，浙江省印发《浙江省数字经济发展"十四五"规划》，提出建成多元数据融合应用的"产业大脑"，实现百亿元以上产业集群"产业大脑"应用和工业互联网平台全覆盖，产业数字化水平领跑全国。三是把试点示范作为推进供应链创新应用的重要抓手。据统计，浙江已培育国家和省级供应链创新与应用试点城市16个和试点企业206家，推动供应链数字化已成为浙江龙头骨干企业创新发展的重要战略选择。

4.6 山东

2022年，山东供应链发展水平综合得分为36.97，排名全国第6位，"四网"发展均衡。从分项指标来看，山东"四网"排名均为全国第6位。2022年，山东"四网"的得分情况如图4-6所示，排名情况如表4-6所示。

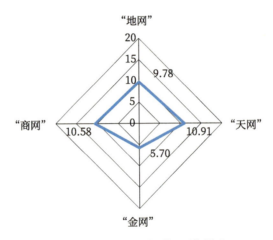

图 4-6　2022年山东"四网"得分

表 4-6　2022年山东供应链发展水平排名

项目	得分	排名	二级指标排名	
			规模	效率
"地网"	9.78	6	5	7
"天网"	10.91	6	5	5
"金网"	5.70	6	7	3
"商网"	10.58	6	6	10
综合得分	36.97	6	—	—

山东"地网"稳定发展，需求增长推动物流业高质量发展。在疫情影响下，2022 年山东机场货邮吞吐量比上年下滑 16.70%，但社会物流总额同比增长 3.20%，达 28.50 万亿；货物周转量为 1.42 万亿吨公里，比上年增长 18.40%，物流业展现出较强韧性。

山东"天网"效率突出，数字政府驱动供应链数字化发展。自 2019 年起，山东大力推动数字政府建设。2022 年，山东政府信息资源共享效率高达 74.18%，排名全国第 1 位，数字政府成为山东政务服务的重要标签。山东抢抓数字经济发展机遇，大量培育特色大数据企业，2022 年供应链信息化企业数量全国排名第 5 位，为政企数据融合共享、供应链数字化发展奠定良好基础。

山东"金网"布局领先，供应链企业实力强劲。山东于 2021 年出台全国首个促进供应链金融发展的系统性财政政策，是目前国内供应链金融财政支持政策最多、最充分的区域之一。在政府大力支持下，山东供应链上市企业整体实力较强，应收账款周转率排名全国第 2 位，表现出较强的资金利用能力。

在推动供应链发展方面，山东着重布局供应链"金网"和"天网"，持续出台多项政策，为产业链供应链提供坚实的保障。

——数字社会、数字经济支撑供应链数字化发展。2019 年，山东印发《山东省数字政府建设实施方案（2019—2022 年）》，统筹推进政务服务数字化转型、公共服务数字化转型、社会治理数字化转型、宏观决策数字化转型、区域治理数字化转型，高标准建设数字政府，加快推进政府治理体系和治理能力现代化。山东发挥数字政府建设的牵引作用，优化数字社会环境，为传统供应链企业数字化转型打下良好基础。同时，山东加大力度培育一批特色数字企业，如先进制造业和现代服务业深度融合发展试点企业日日顺供应链科技股份有限公司，依托科技驱动的数字化业务运营模式和全面布局的物流基础设施网络，建立从采购、工厂制造到终端消费者的全流程、多场景的供应链管理解决方案能力，成为具备覆盖生产制造、线上线下流通渠道至末端用户场景服务的"端到端"供应链管理能力的企业。

——抢先布局，完善供应链金融服务生态。2021—2023 年连续三年，山东都对支持供应链金融发展出台了奖励政策。2021 年，山东出台全国首个促进供应链金融发展的系统性财政政策。随后济南、淄博等地方政府连续发布相关文件促进供应链金融创新发展。2022 年 11 月，山东省财政厅、人民银行济南分行等 5 部门联合印发《关于进一步强化财政金融政策融合促进供应链金融发展的通知》，为应收账款确权、应收账款票据化、供应链票据、供应链金融平台建设提供奖励支持。2023 年，《山东省工业和信息化厅统筹加强产融合作促进工业和信息化高质量发展实施方案》发布，实施产业金融强链专项行动，提出每年实现产业链供应链融资 1000 亿元以上。

4.7 福建

2022 年，福建供应链发展水平综合得分为 26.39，位居全国第 7 位，供应链发展整体水平位于全国前列。从分项指标来看，福建"地网"排名第 9 位，"天网"排名第 7 位，"金网"排名第 10 位，"商网"排名第 7 位。2022 年，福建"四网"的得分情况如图 4-7 所示，排名情况如表 4-7 所示。

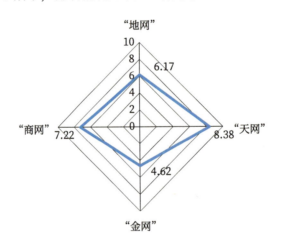

图 4-7 2022年福建"四网"得分

表 4-7 2022年福建供应链发展水平排名

项目	得分	排名	二级指标排名	
			规模	效率
"地网"	6.17	9	9	8
"天网"	8.38	7	8	7
"金网"	4.62	10	10	7
"商网"	7.22	7	8	15
综合得分	26.39	7	—	—

福建"天网"蓬勃发展，基础设施建设日趋完善。福建高度重视信息基础设施建设、产业数字化转型等工作，建成 5G 基站超过 7.10 万个，不断夯实数字底座，2022 年信息基础设施指数为 79.33，位于全国并列第 10 位；工业互联网平台应用水平为 33.67，排名全国第 7 位，目前，福建已培育 1 个国家级跨行业跨领域工业互联网平台，6 个国家级特色专业型平台，推动了超 7 万家企业实现"上云"，为数字化供应链转型升级夯实根基。

福建"商网"稳中向前发展，外贸呈现良好发展态势。福建"商网"排名全国第 7 位，在贸易规模方面，实现全年社会消费品零售总额 2.11 万亿元，比上年增长 3.30%；进出口总额达 1.98 万亿元，比上年增长 7.60%；但高新技术产品出口占比为 10.63%，较上年有所下滑，出口产品竞争优势不足。

在推动供应链发展方面，福建深化物流与产业链供应链融合发展，增强对供应链金融的支撑，推进工业数字化转型升级，夯实供应链发展根基。

——深化物流与产业链供应链融合发展。2023 年，福建省工信厅发布《福建省现代物流业高质量发展实施方案（2023—2025 年）》，一是形成"一通道三枢纽三片区"的物流空间格局，提升物流标准化、数字化、智慧化、绿色化水平，形成两大协同发展区经济协同发展的战略支撑、区域经济高质量发展的战略支点、海峡两岸融合发展的战略支柱、国内国际双循环的战略枢纽。二是围绕做强制造业供应链体系、创新农业供应链体系、健全商贸供应链体系、增强供应链金融的支撑能力等方面，深化物流链与产业链供应链融合发展。

——推动产业链供应链金融模式发展。一是积极引导银行机构参与供应链金融。国家金融监督管理总局福建监管局多次召集专题座谈会，邀请金融机构、平台公司及有关企业参加，引导和推动银行机构加大力度改进服务，运用供应链金融产品支持产业链稳定发展和效率提升，促进产业链上的中小微企业融资难等问题得到缓解。二是扩大政策支持。人民银行福州中心支行牵头四部门印发《关于金融支持福建省制造业高质量发展的工作意见》，提出积极开展制造业信贷领域金融产品和服务创新。鼓励金融机构依托产业链核心企业，整合产业链物流、信息流、资金流等信息，大力发展供应链金融服务。三是搭建学习交流平台。举办供应链生态金融推介会，为福建金融机构供应链金融业务创新和发展提供智力支撑。

4.8　湖北

2022 年，湖北供应链发展水平综合得分为 23.69，排名全国第 8 位。其中，"地网"优势显著，供应链发展基础坚实。从分项指标来看，湖北"地网"排名第 5 位，"天网"排名第 16 位，"金网"排名第 15 位，"商网"排名第 12 位。2022 年，湖北"四网"的得分情况如图 4-8 所示，排名情况如表 4-8 所示。

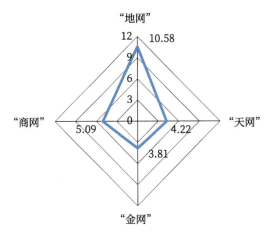

图 4-8　2022年湖北"四网"得分

表 4-8　2022年湖北供应链发展水平排名

项目	得分	排名	分项指标排名	
			规模	效率
"地网"	10.58	5	8	1
"天网"	4.22	16	7	24
"金网"	3.81	15	14	16
"商网"	5.09	12	12	28
综合得分	23.69	8	—	—

湖北"地网"规模持续壮大，物流效率全国领先。湖北交通基础设施网络通达，"铁水公空"通道布局完善，社会物流总额从 2019 年的 9.34 万亿元增加至 2022 年的 11 万亿元，年均增长率为 13.07%。二是物流业提质降本增效工作成效显著，社会物流总费用占地区生产总值比率为 13.00%，位列全国第 2 位。三是物流市场主体活力不断增强，湖北 A 级及以上物流企业 2022 年新增 201 家，连续 2 年居全国

首位，展现了湖北较好的物流服务水平和物流服务环境。

湖北"金网"排名中游，供应链金融市场潜力大。湖北供应链金融企业数量排名全国第 13 位、资产规模排名全国第 15 位，皆处于全国中游。供应链企业整体实力较好，供应链上市企业应收账款周转率全国排名第 4 位，企业资金利用情况较好，反映出强大的供应链金融市场潜力。但湖北供应链金融融资成本较高，位于全国靠后水平，需要政府进一步支持。

湖北"商网"逐年提升，消费市场持续回暖，对外贸易仍面临壁垒。"商网"排名第 12 位，相较于 2021 年上升 8 位。从规模角度看，湖北出台系列促消费、稳增长措施，市场活力持续向好。2022 年实现社会消费品零售总额 2.22 万亿元，较 2019 年增长 9.59%，居全国第 7 位；且社会消费品零售总额占地区生产总值比重为 41.25%，成为拉动经济增长的"强引擎"。从效率角度看，湖北进出口整体通关时间为 38.87 小时，排名第 28 位，反映出湖北跨境贸易便利化水平较低，商品和要素自由流动仍面临壁垒。

湖北提出要坚定不移地把供应链体系建设摆在战略和全局位置来抓，立足供应链、重塑产业链、提升价值链，推动供应链与交通运输体系建设相结合、与产业链发展相融合，努力为供应链体系发展创造最优生态，加快打造新时代"九州通衢"。

——系统谋划部署供应链体系发展。2019 年，《湖北省人民政府办公厅关于推进供应链创新与应用推动经济高质量发展的实施意见》发布，提出提高农业供应链资源集成发展能力，提高流通供应链现代化水平，促进制造业供应链的协同化、服务化、高值化发展，积极推进绿色供应链，努力构建全球供应链，夯实供应链的发展基础。2022 年，湖北省人民政府成立由省长担任组长的湖北省供应链物流体系建设领导小组，统筹协调全省供应链物流体系建设，并多次开展专题研究，提出加速构建物流"地网"、数字化"天网"、供应链"金网"、贸易"商网"，以供应链体系建设为突破口，打造新时代"九州通衢"。

——密集组建五大供应链平台。2022 年以来，湖北组建湖北国控、湖北楚象、华纺链、长江汽车产业、九州医药五大重点产业供应链平台，采用国资主导、国资赋能等多种模式，锚定大宗商品，赋能纺织服装，加力汽车产业，添能生物医药。湖北供应链平台从"点"到"面"，供应链模式从"学"到"创"，供应链功能从"一"到"多"，供应链网络从"内"到"外"，工作机制从"分"到"合"，加速打通产业发展堵点、难点，锻造湖北产业发展"共赢链"。

——推进供应链金融创新试点。湖北出台《湖北省商贸物流及大宗商品供应链金融创新试点方案》，通过构建高水平现代化供应链金融综合服务平台，整合银行等金融机构资源，围绕湖北重点产业，因地制宜地开展供应链金融产品创新，促进商贸物流及大宗商品产业发展，破解核心企业确权难、存货质押监管难、供应链信息共享难、中小企业融资难等问题。

4.9 四川

2022 年，四川供应链发展水平综合得分为 23.62，排名全国第 9 位，较上年下降 2 位。从分项指标来看，四川"地网"排名第 12 位，"天网"排名第 9 位，"金网"排名第 9 位，"商网"排名第 10 位。2022 年，四川"四网"的得分情况如图 4-9 所示，排名情况如表 4-9 所示。

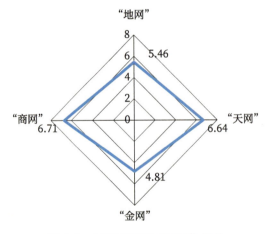

图 4-9　2022年四川"四网"得分

表 4-9　2022年四川供应链发展水平排名

项目	得分	排名	二级指标排名	
			规模	效率
"地网"	5.46	12	12	10
"天网"	6.64	9	10	10
"金网"	4.81	9	11	4
"商网"	6.71	10	7	31
综合得分	23.62	9	—	—

四川"地网"扬长避短，空运规模全国领先。四川深处内陆腹地，群山环绕，铁路、公路等交通基础设施建设难度较大，因此四川积极发展空运，充分发挥成都航空枢纽地理区位、航线网络和生产量规模优势，2022年机场货邮吞吐量位居全国第5位，仅次于东部地区的广东、上海、北京、浙江。

四川"金网"效率突出，产业融合发展态势良好。四川"金网"效率排名全国第4位，其中供应链上市企业应收账款周转率为25.17次，位居全国第3位，宏图智能物流、药易购、川发龙蟒等代表性企业积极与石油化工、生命医药、新能源等产业企业协同发展，资金流动性好，经营效益高，金融服务与现代物流业融合发展取得一定成效。

四川"商网"效率受阻，高科技产品贸易量大。四川进出口整体通关时间为49.45小时，排在全国末尾，需持续优化口岸营商环境。四川省内高新技术企业达1.45万家，发挥高新技术制造业集聚的优势，打造了一批"四川造"标志性工程，向"一带一路"地区、东盟、欧盟等出口大量集成电路、笔记本电脑等机电产品，高新技术产品出口占比达46.50%，高于上海36.40%，供应链贸易结构持续优化，外贸范围不断扩大。

习近平总书记2023年7月在四川考察时强调，四川是我国发展的战略腹地，要依托制造业的独特优势，积极服务国家产业链供应链安全，高质量对接东部沿海地区产业新布局。四川全力贯彻落实习近平总书记来川视察的重要指示精神，推动供应链循环畅通发展。

——打通重点产业循环堵点。2022年7月，四川发布《中共四川省委关于深入学习贯彻习近平总书记来川视察重要指示精神　推动实现全年经济社会发展目标任务的意见》，提出想方设法稳定经济增长，强调打通产业循环堵点，着眼增强产业链韧性和抗风险能力，深入开展强链补链专项行动，鼓励龙头企业带动中小企业融通创新，畅通产业链供应链循环。推动建立省际互认互通的保供体系，加大对物流枢纽和物流企业的支持力度，"一对一"解决汽车、电子信息、生物医药、机械制造等重点产业链供应链受阻问题。健全分级分类、动态管理的"白名单"制度，保障工业园区平稳运行和企业稳定生产。推动建立动力电池、晶硅光伏、新型显示等产业供销衔接和断链断供预警机制，引导龙头企业牵头组建多元化采购联盟。

——创新制造业承接合作模式。2022年9月21日，《四川省人民政府办公厅关于承接制造业有序转移的实施意见》发布，提出推广产业链供应链上下游对接合作模式，聚焦强链补链，用好产业转移合作平台，承接优势资源，打造具有竞争力的产业链供应链生态体系，提升产业链供应链自主可控能力。开展产业链强链补链行动，实施"链长＋链主"双链式推进机制，公布"链主"企业及"首席专家"，组建部门协同、专家参与的工作专班，推动构建以"链主"企业为中心、"专精特新"企业为主体、大中小企业协同发展的产业生态系统。实施产业链断链断供产品风险清单管理，围绕产业链中高端、关键环节进行延链补链强链。

4.10 河南

2022 年，河南供应链发展水平综合得分为 23.52，排名全国第 10 位，"四网"发展较为不均衡。从分项指标来看，河南"地网"排名第 7 位，"天网"排名第 18 位，"金网"排名第 11 位，"商网"排名第 8 位。2022 年，河南"四网"的得分情况如图 4-10 所示，排名情况如表 4-10 所示。

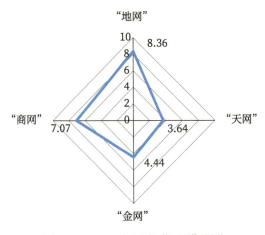

图 4-10 2022年河南"四网"得分

表 4-10 2022年河南供应链发展水平排名

项目	得分	排名	分项指标排名	
			规模	效率
"地网"	8.36	7	6	9
"天网"	3.64	18	12	20
"金网"	4.44	11	6	18
"商网"	7.07	8	9	23
综合得分	23.52	10	—	—

河南"地网"发展靠前，物流规模排名领先。在规模方面，河南作为内陆省份，高度重视物流发展对产业集群和供应链发展的支撑作用，积极推进多式联运及航空物流发展，实现货物周转量 11751.16 亿吨公里、机场货邮吞吐量 62.60 万吨，物流规模排名全国第 6 位。其短板在于物流效率，如 A 级及以上物流企业 2022 年新增 53 家，约为湖北的四分之一。

河南"金网"规模突出，供应链金融企业发展态势良好。"金网"得分排名第 11 位，较上一年提升 10 位。河南高度重视供应链金融发展，通过扩大应收账款融资服务平台应用，做强做优供应链金融服务机构，扶持中小企业融资，供应链金融企业数量排列全国第 9 位，供应链金融企业资产规模排名第 6 位。

河南"商网"规模扩大，效率发展有待提升。河南通过出台促消费政策、举办促消费活动等措施，进一步释放消费潜力，"商网"排名较上一年提升 2 位，实现社会消费品零售总额 2.44 万亿元。对外贸易方面，实现进出口总额 0.85 万亿元，比上年增长 4.40%。

河南注重系统规划与精准施策并举，结合自身资源禀赋，推动物流与商贸融合发展，创新供应链金融发展，致力于打造现代供应链资源配置中心。

——打造现代供应链资源配置中心。2021 年，河南省人民政府印发《河南省"十四五"现代供应链发展规划》。一是注重统筹布局。结合河南省的资源禀赋和现实基础，强化对各地构建重点产业供应链的功能定位和布局引领。二是注重企业主导。充分发挥"链主"企业的主导作用和中小企业的配套作用，以企业为牵引提升全省产业供应链发展能级。三是注重项目支撑。以传统产业供应链建设工程、新兴产业供应链建设工程、重点农产品供应链建设工程、重点供应链平台建设工程、开放通道建设重点工程、开放平台建设重点工程为导向，奠定现代供应链高质量发展的坚实基础。发展目标是到 2035 年，基本建成创新驱动引领、全面高效协同、自主安全可控的现代供应链体系，成为立足中部、辐射全国、链接全球的现代供应链资源配置中心。

——推动物流与商贸融合发展。2022 年 4 月，河南省商务厅印发《河南省"十四五"现代商贸流通体系发展规划》，从构建强大内需市场、打造产销衔接供应链、构建开放枢纽贸易体系等方面，畅通消费、供需、国际国内等多个循环。

——创新供应链金融发展举措。2022 年河南省地方金融监督管理局等部门联合出台《河南省金融支持经济社会平稳健康发展工作方案》政策，提出创新供应链金融融资模式，积极发挥中征应收账款融资服务平台、动产融资统一登记公示系统作用，积极开展应收账款、预付款、存货、仓单等权利和动产抵押和质押业务。

4.11　重庆

2022 年，重庆供应链发展水平综合得分为 20.68，排名全国第 11 位。从分项指标来看，重庆"地网"排名第 14 位，"天网"排名第 11 位，"金网"排名第 19 位，"商网"排名第 9 位。2022 年，重庆"四网"的得分情况如图 4-11 所示，排名情况如表 4-11 所示。

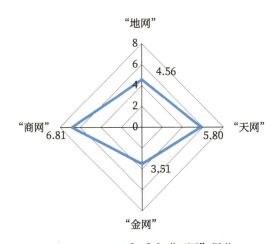

图 4-11　2022年重庆"四网"得分

表 4-11　2022年重庆供应链发展水平排名

项目	得分	排名	分项指标排名	
			规模	效率
"地网"	4.56	14	11	18
"天网"	5.80	11	9	13
"金网"	3.51	19	15	25
"商网"	6.81	9	10	16
综合得分	20.68	11	—	—

重庆"地网"发展受限，民航运输具备一定优势。重庆"地网"排名全国第 14 位，因地理环境复杂，对外大通道不畅，境内运输方式较为单一，综合运输枢纽设

施不足，多式联运发展受限。重庆不断完善航线网络，加强国际互联互通，提升在全球产业链供应链中的地位，2022 年，重庆机场货邮吞吐量为 41.58 万吨，位列全国第 9 位。

重庆"天网"排名中游，数字基础设施建设成效明显。重庆聚焦打造西部领先的新型数字基础设施标杆和西部云网高地，大力推进新型数字基础设施建设，信息基础设施指数达 84.97，在全国排名第 6 位；政务数据共享开放成效显著，建成市级部门数据资源池 68 个，实现数据共享 10416 类、开放 5493 类，共享数据日均调用量突破 1300 万条，数据开放水平位于全国第一梯队。

重庆"商网"优势明显，高新技术产品出口占比高。重庆商网排名第 9 位，在西部地区 12 个省市中，重庆进出口总额继续保持排名第 2 位，占同期西部地区外贸进出口总额的 21.10%。2022 年重庆进出口总额达 8158.40 亿，较上年同期增长 2.00%。其中，出口总额为 5245.30 亿元，增长 1.50%，进口总额为 2913.10 亿元，增长 2.90%。高新技术产品出口占比 72.50%，居全国第 1 位。其中，电子信息产业进出口额为 4951.20 亿元，出口的主要商品为笔记本电脑，出口 5545.30 万台，价值 1774.70 亿元，价值和量值均列全国首位。

重庆紧扣建设国家重要先进制造业中心的战略任务，把提升产业链供应链现代化水平作为推动制造业高质量发展的战略重点，加快补齐短板，持续锻造长板，打造一批具有竞争力的优势产业链条，确保供应链稳定，为打造具有国际竞争力的先进制造业集群奠定坚实基础。

——锻造优势产业链条。2021 年 8 月，重庆市人民政府办公厅印发《重庆市制造业产业基础再造和产业链供应链现代化水平提升工程实施方案》，提出将围绕重点产业，找出重点链条，系统推动补链、延链、强链和产业基础能力提升，计划到 2025 年形成一批具有核心竞争力的产业链条，建设若干具有国际影响力的先进制造业集群和战略性新兴产业集群。2021 年 11 月，《重庆市人民政府办公厅关于提升制造业产业链供应链现代化水平的实施意见》印发，提出进一步提升全市制造业重点产业链整体水平，增强供应链弹性和韧性，关键环节"卡脖子"问题得到明显好转，初步形成若干具有国际竞争力的优势产业链条和一批具有产业生态主导力的优质企业，构建起先进制造业集群骨架体系。

——打造西部地区领先的商贸物流枢纽。2022 年 1 月，重庆市商务委员会印发

《重庆市商贸物流发展"十四五"规划》，提出稳步构建布局优化、城乡一体、内畅外联、网络覆盖、智能绿色、安全高效的现代商贸物流体系，加快建成长江上游地区商贸物流中心、全国性商贸物流节点城市，着力打造西部地区领先的商贸物流枢纽，有力支撑城乡融合发展样板区、高品质生活宜居地与国际消费中心城市建设。

4.12 安徽

2022 年，安徽供应链发展水平综合得分为 20.36，排名全国第 12 位。从分项指标来看，安徽"地网"排名第 8 位，"天网"排名第 14 位，"金网"排名第 14 位，"商网"排名第 11 位。2022 年，安徽"四网"的得分情况如图 4-12 所示，排名情况如表 4-12 所示。

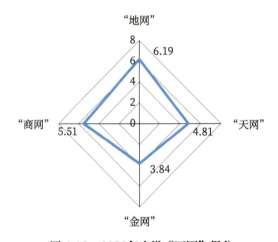

图 4-12　2022年安徽"四网"得分

表 4-12　2022年安徽供应链发展水平排名

项目	得分	排名	分项指标排名	
			规模	效率
"地网"	6.19	8	10	6
"天网"	4.81	14	11	14
"金网"	3.84	14	16	14
"商网"	5.51	11	11	30
综合得分	20.36	12	—	—

安徽"地网"逐渐完善，物流效率居全国前列。作为中部地区崛起、长江三角

洲区域一体化发展、长江经济带发展三大重要决策和规划叠加的重要省份，2022 年，安徽地网排名全国第 8 位，货物周转量 1.12 万亿吨公里，居全国第 9 位，比上年增长 1.90%，物流业保持平稳增长态势；A 级及以上物流企业新增 64 家，居全国第 7 位，初步形成了一批服务网络化和管理现代化的物流企业。

安徽"商网"稳定增长，消费市场活力强劲。2022 年，安徽"商网"排名全国第 11 位，从规模来看，社会消费品零售总额为 2.15 万亿元，比上年增长 0.20%，比全国平均值高 0.40 个百分点。从消费结构来看，高科技产品消费持续发力，新能源汽车零售额增长 2.80 倍，智能家用电器和音像器材零售额增长 2.40 倍，智能手机、可穿戴智能设备零售额分别增长 98.50% 和 86.10%。

安徽充分发挥特殊区位交通与战略叠加优势，着眼服务构建新发展格局，大力推进供应链创新与应用，更好地服务企业降低成本、提高效率、增强韧性，加快打造全国有影响力的供应链平台集聚区。

——大力推进供应链创新与应用。2023 年 9 月，安徽省人民政府办公厅印发《安徽省加快供应链创新应用行动计划（2023—2025 年）》和《安徽省加快供应链创新应用若干政策举措》，提出充分发挥安徽的特殊区位交通与战略叠加优势，把实施扩大内需同深化供给侧结构性改革有机结合起来，坚持市场逻辑平台思维，以供应链为牵引，以工业互联网为支撑，链接长三角和中部地区大交通、大物流、大市场、大产业，建设一批国家级供应链创新与应用示范城市，培育若干全球供应链领先企业，形成一批供应链发展新技术和新模式，在新能源汽车等领域争创具有重要影响力的供应链资源配置中心。

——成立省级专班，推进供应链双招双引。一是建立健全供应链双招双引机制。成立省级供应链双招双引专班，指导各市成立工作专班，形成上下对接贯通的工作体系。制定具有较强竞争力和吸引力的供应链创新应用专项政策。二是编制供应链发展实施方案。梳理产业链供应链需求链条，明确供应链发展目标思路和路径举措。引导各市抓紧编制本地区主导产业供应链发展实施方案，形成上下联动的规划体系。三是开展供应链招引活动。围绕冷链物流、供应链金融、外向型供应链以及库存管理、集中采购、品牌代理、货代服务、设备租赁等供应链薄弱环节，制定供应链企业图谱及双招双引目标企业清单，利用商协会、展会、论坛、对接会等平台，大力培育引进一批供应链服务龙头企业和关键人才。

4.13　湖南

2022 年，湖南供应链发展水平综合得分为 19.14，排名全国第 13 位。从分项指标来看，湖南"地网"排名第 13 位，"天网"排名第 15 位，"金网"排名第 8 位，"商网"排名第 13 位。2022 年，湖南"四网"的得分情况如图 4-13 所示，排名情况如表 4-13 所示。

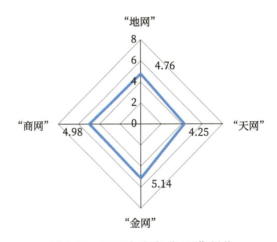

图 4-13　2022年湖南"四网"得分

表 4-13　2022年湖南供应链发展水平排名

项目	得分	排名	分项指标排名	
			规模	效率
"地网"	4.76	13	14	11
"天网"	4.25	15	15	15
"金网"	5.14	8	17	2
"商网"	4.98	13	13	12
综合得分	19.14	13	—	—

湖南"地网"发展较为薄弱，货运能力较弱。2022 年，湖南社会物流总额为 14.02 亿元，居全国第 6 位，但货物周转量仅为 2931.57 亿吨公里，排名全国第 21 位，机场货邮吞吐量为 15.60 万吨，约为湖北的一半，排名全国第 17 位。

湖南"金网"领跑中部，供应链融资效率持续提升。湖南注重发挥供应链金融对优势产业链的支持作用，丰富供应链金融服务模式，大力发展供应链票据和动产抵押和质押融资业务，推动提升供应链产业链整体融资效率，为湖南产业链稳链、固链、强链提供更有力的金融支撑。2022 年，湖南供应链上市企业应收账款周转率居全国第 6 位，供应链企业融资成本全国最低。

湖南着力稳定重点先进制造业供应链产业链，发挥龙头企业的引领带动作用，促进先进制造业供应链配套发展，全力打造国家重要先进制造业高地。

——实施重点产业供应链配套发展行动计划。2021 年 8 月，湖南省人民政府办公厅印发《支持先进制造业供应链配套发展的若干政策措施》，提出对湖南整车（主机、主网）龙头企业与重点配套产品供需矛盾较为突出的工程机械、汽车制造、电力装备、轨道交通、航空航天等重点产业实施供应链配套发展五年行动计划，延长产业链，提升集聚度，实现重点产业主配协同发展。2022 年 6 月，湖南省工业和信息化厅等 4 部门印发《落实〈支持先进制造业供应链配套发展的若干政策措施〉实施细则》，明确了落实路径，是湖南省壮大工程机械、汽车制造、电力装备、轨道交通、航空航天等重点先进制造业的具体举措，有利于稳定重点先进制造业供应链产业链，提升产业链供应链韧性和安全水平，促进先进制造业主配协同发展。

——不断规范强化供应链金融服务。2021 年 5 月，湖南出台《关于促进湖南省供应链金融规范发展的若干措施》，明确了对签发供应链票据的核心企业、供应链金融平台公司等给予奖补，以及在保费补贴、信贷风险补偿、融资创新考评等方面对供应链金融予以重点倾斜等支持政策。2022 年 7 月，湖南省发展和改革委员会印发《湖南省现代流通体系建设方案（2022—2025 年）》，提出推动供应链金融规范有序发展。发展壮大湖南省供应链金融平台，加强与上海票据交易所供应链票据平台连接，创新多种供应链融资模式。2023 年 3 月，湖南省工业和信息化厅印发《湖南省"智赋万企"行动方案（2023—2025 年）》，提出要发挥龙头企业牵引作用，推动产业链供应链深度互联和协同响应，实现大中小企业融通发展。推动工业互联网融通应用，培育供应链金融、服务型制造等融通发展新模式。

4.14　天津

2022 年，天津供应链发展水平综合得分为 17.81，排名全国第 14 位。从分项指标来看，天津"地网"排名第 23 位，"天网"排名第 8 位，"金网"排名第 16 位，"商网"排名第 16 位。2022 年，天津"四网"的得分情况如图 4-14 所示，排名情况如表 4-14 所示。

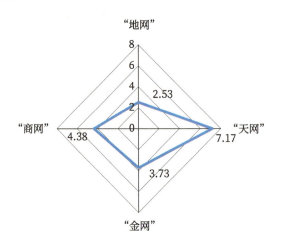

图 4-14　2022年天津"四网"得分

表 4-14　2022年天津供应链发展水平排名

项目	得分	排名	分项指标排名	
			规模	效率
"地网"	2.53	23	21	27
"天网"	7.17	8	14	8
"金网"	3.73	16	12	21
"商网"	4.38	16	15	27
综合得分	17.81	14	—	—

　　天津"天网"基础完备，数字化转型动力强劲。天津"天网"排名全国第 8 位，每万人拥有 5G 基站 26.10 个，千兆宽带接入用户占比达 20.04%，全市在用商业数据中心规模超 5.30 万标准机架，8 家数据中心入选国家绿色数据中心，"天河"新一代超级计算机夺得两项全球第一。搭建的信息资源统一共享交换平台为 230 余个场景提供数据共享，数据开放水平处于全国第一梯队。数字经济规模超 8700 亿元，仅软件和信息技术服务业收入达 2722 亿元，人工智能产业核心规模达到 140 亿元。工业互联网覆盖范围大，工业企业"上云"突破了 9000 家。

　　天津"商网"规模稳步扩大，外贸竞争力持续增强。2022 年，天津进出口总额为 8448.50 亿元，居全国并列第 9 位，进出口总额占地区生产总值比率为 51.80%，居全国第 5 位。天津适应贸易发展的新趋势新变化，持续深化制度改革创新，加强财税、金融、产业、贸易等政策之间的衔接，完善政策协调机制，为贸易创新发展营造良好的发展环境。2022 年，天津港集装箱吞吐量达 2100.70 万标准箱，同比增长 3.70%，2019 年以来，年均增长率超 7.00%，增速世界领先。

天津着重布局现代物流业和供应链信息化发展，持续出台多项政策，全面深化供应链创新，增强供应链韧性。

——推进供应链现代化发展。2022 年 12 月，天津印发《天津市综合交通运输"十四五"规划》委内任务分工，"培育壮大在国内国际具有竞争力的现代物流企业，鼓励企业参与供应链重构与升级，打造开放、安全、稳定的物流供应链体系。大力发展网络货运、甩挂运输、挂车共享等先进适用组织模式，发展电商、冷链、大件运输、危险品等专业化物流。创新城市配送服务，鼓励企业整合资源，发展共同配送、集中配送、夜间配送，创建绿色货运配送示范城市。推动乡镇综合运输服务站向'多站合一、一站多用'发展。"

——加快推进供应链数字化和智能化发展。2022 年，天津发布《天津市建设区域商贸中心城市行动方案（2022—2025 年）》，聚焦信息技术应用创新、新能源、生物医药、轻纺等 12 条重点产业链，加快推进供应链数字化和智能化发展。推进供应链管理生态建设，推动采购集约化，引导开展智慧生产制造。支持大型企业建设数字化供应链管理平台，实现研发、生产、制造、分销和物流等各环节高效联通。推动流通企业与生产企业构建采购、分销、仓储、配送供应链协同平台，实时共享需求、库存和物流信息。加强物流标准化建设，推进标准化托盘循环共用和仓储设施标准化、数字化、智能化提升。

4.15 江西

2022 年，江西供应链发展水平综合得分为 17.25，排名全国第 15 位。从分项指标来看，江西"地网"排名第 11 位，"天网"排名第 20 位，"金网"排名第 12 位，"商网"排名第 14 位。2022 年，江西"四网"的得分情况如图 4-15 所示，排名情况如表 4-15 所示。

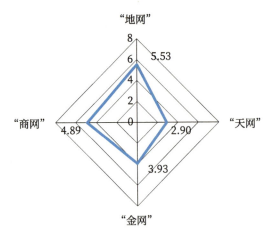

图4-15　2022年江西"四网"得分

表4-15　2022年江西供应链发展水平排名

项目	得分	排名	分项指标排名	
			规模	效率
"地网"	5.53	11	16	4
"天网"	2.90	20	18	23
"金网"	3.93	12	13	15
"商网"	4.89	14	14	5
综合得分	17.25	15	—	—

江西"地网"位列中游，航空运输存在短板。江西大力培育物流龙头企业，形成引领江西商贸物流走向现代化的重要力量，A级及以上物流企业数量新增89家，居全国第4位。但机场货邮吞吐量仅4.40万吨，排名并列第25位，限制了"地网"的整体发展。

江西"商网"规模持续提升，跨境电商发展亮点突出。在长江经济带发展、长江中游城市群等政策的交汇叠加之下，江西着力构建现代商贸物流体系，提升流通效率，跨境电商实现全业务覆盖、全链条打通。根据江西省人民政府发布的数据显示，江西跨境电商进出口规模居全国第5位。江西进出口整体通关时间为16.28小时，进出口总额占地区生产总值比率达24.06%，但贸易规模偏小，影响"商网"整体发展水平。

江西着力优化商贸物流网络布局，提高商贸物流业开放水平，创新供应链金融服务模式，不断强化供应链发展的基础支撑。

——着力提高商贸物流业开放水平。2021年12月，江西省商务厅等9部门印发《江西省商贸物流高质量发展专项行动方案（2021—2025年）》，提出主动融入粤港澳大湾区、海西经济区和长三角区域一体化发展，加强商贸物流基础设施规划建设和功能对接，依托粤苏皖赣—港澳—南亚国际物流大通道以及南昌昌北国际空港、南昌国际陆港、赣州国际陆港、九江江海直达航运中心等对外开放平台，推动口岸"三同"政策落实。常态化开行中欧班列、与各沿海港口的铁海联运班列以及国际国内货运航线航班，为机电产品、高新技术产品、电子信息与服装等主要出口商品开辟便捷贸易通道。加快发展南昌、赣州、九江跨境电子商务综合试验区，支持"单一窗口"建设。

——创新供应链金融服务模式。2021年9月，江西发布《关于促进供应链金融规范和创新发展的指导意见》，提出从供应链产业链整体出发，运用金融科技手段，深化改革、创新机制，革新传统金融业务抵押、担保理念，探索供应链金融的实现方式，切实降低中小企业成本，提升产业链各方价值。2023年11月，江西省地方金融监督管理局等5部门印发《关于金融支持制造业重点产业链现代化建设"1269"行动计划（2023—2026年）的若干措施》，提出引导金融机构运用中征应收账款融资服务平台，扩大应收账款池质押融资、"政采贷"等产品应用。支持产业链龙头骨干企业接入上海票据交易所供应链票据平台，有效满足产业链上下游企业的融资需求。开展制造业重点产业供应链金融奖励试点，引导供应链金融企业参与制造业重点产业链延链补链强链。

4.16 陕西

2022年，陕西供应链发展水平综合得分为16.27，排名全国第16位。从分项指标来看，陕西"天网"排名第12位，高于其综合排名，"地网"排名第17位，"商网"排名第19位，"金网"排名第23位。2022年，陕西"四网"的得分情况如图4-16所示，排名情况如表4-16所示。

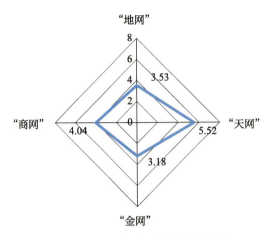

图4-16 2022年陕西"四网"得分

表4-16 2022年陕西供应链发展水平排名

项目	得分	排名	分项指标排名	
			规模	效率
"地网"	3.53	17	19	14
"天网"	5.52	12	17	11
"金网"	3.18	23	9	27
"商网"	4.04	19	18	24
综合得分	16.27	16	—	—

陕西"天网"发展势头良好，但信息基础建设有待提升。陕西拥有陕西陕煤供应链管理有限公司、陕西重型汽车有限公司等5家供应链信息化创新示范企业，与天津持平，全国排名并列第7位，西安市亦获评2022年全国供应链创新与应用示范城市，发展势头良好。但陕西供应链信息基础设施建设在全国不占优势，信息基础设施指数在全国排名并列第16位，政府信息资源共享效率在全国排名第17位，供应链信息化企业数量以及工业互联网平台应用水平在全国排名第17位，全省信息基础建设仍需加强。

陕西"商网"特色突出，高新技术出口显现优势。陕西省作为"一带一路"建设的重要节点，被国家赋予打造内陆改革开放高地和丝绸之路经济带重要通道、开发开放枢纽等重大任务，中欧班列西安集结中心建设等重大工程累积发展势能，特别是高新技术产品出口占比全国排名第12位，高于供应链发展综合得分排名。但陕西进出口整体通关时间较长，全国排名并列第23位，拉低了"商网"发展的总体效率。

——打造科技金融平台，赋能供应链金融。2023 年 5 月，陕西自贸试验区能源金贸功能区联合区内数字科技企业搭建供应链金融平台，推出以电子债权凭证——"秦信单"为载体的融资新模式，将企业对供应商产生的应付账款转换为易拆分、便流转、可融资的"秦信单"，降低供应链企业融资成本，助力重点产业链稳定健康发展。平台围绕核心企业，开发出拆单融单、担保增信功能，实现多级供应商融资，大幅降低中小微企业融资成本。平台自 5 月上线以来，已有 12 家核心企业入驻，各级供应商企业达 183 家，金融机构有 6 家，业务覆盖西咸新区的光伏、新能源、数字经济等重点产业链，有效推动了金融科技与主导产业的融合发展。

——书写"一带一路"开放新篇章。近年来，陕西坚持对内对外开放并举，深度融入共建"一带一路"大格局，加快打造内陆改革开放高地，与 40 多个国家和地区、400 多家机构建立了全方位、多层次、宽领域的合作关系，建立了 24 个国家级、124 个省级国际科技交流合作基地，构建亚欧陆海贸易"黄金通道"，中欧班列长安号常态化开行线路达到 17 条，覆盖亚欧大陆全境；17 条国内集结线路直达长三角、珠三角、京津冀、晋陕豫黄河金三角，集结体系初具规模，开行量、重箱率、货运量等指标连续多年稳居全国第一。

4.17 广西

2022 年，广西供应链发展水平综合得分为 16.08 分，排名全国第 17 位，沿海地区排名第 8 位，从分项指标来看，"地网"排名全国第 16 位，"天网"排名全国第 10 位，"金网"排名全国第 28 位，"商网"排名全国第 20 位。2022 年，广西"四网"的得分情况如图 4-17 所示，排名情况如表 4-17 所示。

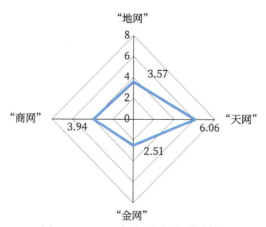

图 4-17　2022 年广西"四网"得分

表 4-17　2022年广西供应链发展水平排名

项目	得分	排名	分项指标排名	
			规模	效率
"地网"	3.57	16	20	13
"天网"	6.06	10	20	9
"金网"	2.51	28	25	26
"商网"	3.94	20	21	5
综合得分	16.08	17	—	—

广西"商网"效率突出，但规模有待加强。广西地处我国东南沿海，有3个地级市和8个县（市、区）与越南接壤，是我国面向东盟开放合作的前沿和窗口。广西充分利用自身"一湾相挽十一国，良性互动东中西"的特色区位优势，出台多项政策措施，持续优化口岸营商环境，进出口通关效率全国排名并列第5位，供应链"商网"效率连续两年名列前茅，2021年更是将整体进出口通关时间压缩到6.06小时，居于全国榜首。广西凭祥综合保税区不断加快智慧口岸建设，推动边境口岸通关实现"两个24小时"，即口岸货运通道自动化24小时通关，广西至越南、河内及越南北部经济区进出境货物24小时运抵，进一步保障中国—东盟跨境产业链供应链安全与通关效率。但广西供应链"商网"规模较经济发达地区存在一定差异，社会消费品零售总额、进出口总额全国排名不占优势，高新技术产品出口占比全国排名并列第24位，排名靠后。

广西"天网"发展势头强劲，信息化建设基础良好。广西加快实施创新驱动发展战略，推动区块链技术和产业创新发展，借助区域优势，不断推动5G建设、数字经济建设和数字政府建设，加强区块链技术在基础社会建设、智慧交通、跨境电商等领域的推广与应用，促使广西在信息基础设施指数、政府信息资源共享效率、供应链信息化企业数量等领域全国排名靠前，特别是政府信息资源共享效率方面，广西全国排名并列第7位。

——打造广西特色供应链融资模式。2021年8月，广西壮族自治区人民政府办公厅印发《加快广西供应链金融发展若干措施》，主要措施包括围绕广西"7+4"产业链打造特色供应链融资模式，探索建立广西供应链金融服务平台全面推广应收账款融资模式，推动物流与供应链金融深度融合，大力发展供应链票据业务，提升金融机构供应链金融服务能力，加强金融科技赋能，创新开展动产和权利担保融资，打通供应链金融与直接融资渠道，打造供应链金融示范区以及强化组织领导和政策保障。助力加快广西供应链金融发展，精准服务广西供应链产业链完整稳定，提升整体运行效率，促进经济良性循环和布局优化。

——持续完善跨境商贸供应链体系。作为中国与东盟国家交流合作的前沿和重要窗口，一方面，广西积极依托中国（广西）自由贸易试验区、边（跨）境经济合作区等开放发展前沿阵地，加快构建跨区域跨境产业链供应链。另一方面，广西依托自治区直属国有大型物流龙头企业广西现代物流集团，聚焦大宗商品进口业务，积极打造广西大宗商品供应链管理服务平台，建设面向东盟的大宗商品现货交易中心，做强再生资源和优势产业供应链体系；聚焦重点领域保障，构建高效运作的冷链物流体系，打造跨境国际物流供应体系，深化产业链供应链协同发展，着力推动广西打造国内国际双循环市场经营便利地。2023 年 7 月、11 月，广西分别发布中国（柳州）、中国（贺州）跨境电子商务综合试验区实施方案，以构建跨境电商产业链供应链为重点，着力打造立足桂中地区、辐射广西乃至西南地区的区域跨境电商产业集聚区。

4.18 河北

2022 年，河北供应链发展水平综合得分为 15.13，排名全国第 18 位。从分项指标来看，"地网"排名全国第 15 位，"天网"排名全国第 17 位，"金网"与"商网"排名全国第 22 位。2022 年，河北"四网"的得分情况如图 4-18 所示，排名情况如表 4-18 所示。

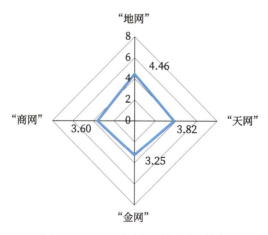

图 4-18　2022年河北"四网"得分

表4-18　2022年河北供应链发展水平排名

项目	得分	排名	分项指标排名	
			规模	效率
"地网"	4.46	15	13	15
"天网"	3.82	17	13	19
"金网"	3.25	22	18	20
"商网"	3.60	22	20	26
综合得分	15.13	18	—	—

河北"地网"发展潜力大，货物周转规模全国领先。河北积极承接北京货物运输需求，京津冀交通一体化基本成形并呈现向广度、深度态势突破，带动河北货物周转量排名全国第4位，达到14234亿吨公里，唐山港货物吞吐量稳居全球沿海港口第二位。但由于北京强大的机场空运能力，导致河北机场货邮吞吐量排名全国并列第25位，空运能力弱，物流结构发展不平衡。

河北"天网"规模较大，产业信息基础建设良好。河北信息基础设施指数全国排名第8位，移动通信基站总数达到48.60万个；数字经济核心产业增加值全国排名第9位，工业互联网平台应用水平全国排名并列第10位，整体发展势头良好。但没有供应链信息化创新示范企业，供应链数字化创新能力不足。

——加快打造全国现代商贸物流重要基地。建设全国现代商贸物流重要基地，是国家赋予河北的功能定位，河北优化物流产业布局，积极承接北京区域性物流设施疏解转移，在环京津地区建设全球性物流发展高地、供应链核心枢纽、农产品供应基地，在重要节点城市建设一批物流基地，引进物流行业龙头企业，打造物流区域总部基地，加快发展物联网，畅通物流通道，构建形成"枢纽＋通道＋网络"的现代化物流运行体系。

——智慧物流打通大动脉，畅通微循环。2023年7月，交通运输部与河北省人民政府签署关于加快建设交通强国的合作协议，加强部省协作联动，提升河北智慧交通服务水平，推动新型交通基础设施建设和传统基础设施数字化、智慧化改造，打造一批智慧公路、智慧港口、智慧枢纽；推动"轨道上的京津冀"取得更大进展，强化区域内部协同，从不同方向打造联通京津的经济廊道，提高省内各市通达率。力争到2027年，河北交通强国建设试点任务取得阶段性成果，基本建成多节点、网格状、全覆盖的综合立体交通网络，京津冀交通一体化实现新突破。同年，河北印发《京津冀衔接干线公路网加密提升行动方案（2023—2027年）》，谋划实施22个项目，有序加快加密互联互通公路网，到2025年，将实现新增高速公路600公里，新改建普通国省干线公路900公里，省域内国家高速公路全面贯通；到2027年，实现新增高速公路650公里，新改建普通国省干线公路950公里，省际对接路全面畅通，省域瓶颈路基本消除。

4.19　贵州

2022年，贵州供应链发展水平综合得分为14.94，排名全国第19位。从分项指标来看，"地网"排名全国第19位，"天网"排名全国第13位，"金网"排名全国第24位，"商网"排名全国第21位。2022年，贵州"四网"的得分情况如图4-19所示，排名情况如表4-19所示。

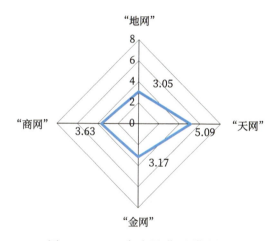

图4-19　2022年贵州"四网"得分

表4-19　2022年贵州供应链发展水平排名

项目	得分	排名	分项指标排名	
			规模	效率
"地网"	3.05	19	23	12
"天网"	5.09	13	16	12
"金网"	3.17	24	8	28
"商网"	3.63	21	22	1
综合得分	14.94	19	—	—

贵州"天网"发展潜力大，供应链数字化发展迅速。贵州聚集了中国电信云计算贵州信息园、中国移动贵阳数据中心、中国联通贵安云数据中心、华为云贵安数据中心等7个大型数据中心，成为全国集聚大型数据中心最多的地区之一，数字经济增速连续6年排名全国第一，政府信息资源共享效率全国排名第4位。

贵州"商网"效率突出，外贸结构持续优化。2022年，贵州的进出口整体通关时间排名全国第1位，以"简、快、实"的通关政策，为企业提供精准的定制化通关保畅服务，在外贸通道上畅行无阻。此外，贵州高新技术产品出口占比全国排名并列第8位，外贸结构发展优异。

——科技赋能现代物流业高质量发展。2021年12月，贵州制定并发布《贵州省"十四五"现代物流业发展规划》，强化贵州与国家有关规划、省综合交通规划、水运发展规划等统一衔接，全力推动物流与交通基础设施从规划、建设、营运等各环节有机结合。2021年4月，制定《贵州省进一步降低物流成本若干政策措施》，提出了12条降低物流成本的具体举措。此外，贵州发布了数字化供应链地方标准《数字化供应链业务管理指南》，健全了大数据融合领域标准体系，为矿产、轻工、新材料、航天航空等重点产业领域开展数字化供应链管理提供科学引导。

——重组物流国企，助力构建流通供应链体系。贵州现代物流产业集团是贵州省政府批准成立的首批六家战略性重组的大一型企业集团之一。集团狠抓现代物流、农产品流通、大宗商品供应链集成服务、逆向物流板块，坚持数字赋能战略，以数字化转型赋能业务发展和管理升级，通过数智科技公司、现代物流研究院，努力打造智慧管理领先型、数智融合创新型、科技赋能集成型和具有较强数字化输出能力的供应链综合服务企业。

——聚焦外贸发展，深入实施外贸攻坚行动。2022年1月，《区域全面经济伙伴关系协定》（RCEP）正式实施，贵州省商务厅迅速成立RCEP市场开拓组，通过深入调研分析贵州与RCEP成员国特别是东盟国家的经贸往来现状、发展潜力、企业诉求以及重点商品和服务市场需求，提出深入开拓RCEP成员国市场的政策措施建议。同时，紧紧围绕重点产业、重点产品、重点企业开展RCEP政策操作体系培训；采取巩固、拓展、辐射等渐次推进方式深耕拓展RCEP市场规模，促使贵州与RCEP成员国的货物、服务贸易和双向投资等经贸倍增；成立贵阳海关推进RCEP政策研究专项工作领导小组，通过开展基础性政策分析研究，摸清相关产品在RCEP重点成员国的关税减让、准入条件和技术性贸易措施影响等，努力挖掘外贸发展潜力，助推对外贸易高质量发展。

4.20　辽宁

2022 年，辽宁供应链发展水平综合得分为 14.32，排名全国第 20 位。从分项指标来看，"地网"排名全国第 20 位，"天网"排名全国第 19 位，"金网"排名全国第 13 位，"商网"排名全国第 18 位。2022 年，辽宁"四网"的得分情况如图 4-20 所示，排名情况如表 4-20 所示。

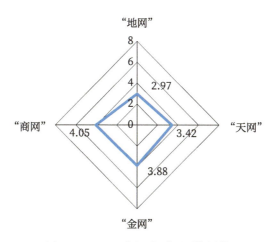

图 4-20　2022年辽宁"四网"得分

表 4-20　2022年辽宁供应链发展水平排名

项目	得分	排名	分项指标排名	
			规模	效率
"地网"	2.97	20	18	23
"天网"	3.42	19	22	16
"金网"	3.88	13	21	6
"商网"	4.05	18	19	19
综合得分	14.32	20	—	—

辽宁"金网"发展活跃，带动供应链综合发展。辽宁供应链企业融资成本全国排名第 4 位，供应链上市企业资产负债率全国排名并列第 3 位，企业的偿付能力、供应链企业融资利率均在全国第一梯队水平。2022 年仅中国农业银行辽宁省分行一家，就累计为 45 户核心企业投放贷款近 60 亿元，累计为上游近 2000 户供应商发放贷款约 6500 笔，有效地提高了融资便利度，降低了小微企业的融资成本。

——综合推进供应链高质量发展。2021 年 12 月，辽宁发布《辽宁省推动商贸物流高质量发展专项行动工作方案》，通过政策引导，强化基础设施建设，促进新技术新业态新模式发展，全面提升商贸物流标准化、网络化、协同化、数字化、全球化水平，努力建设高效畅通、协同共享、融合开放、绿色环保的现代商贸物流体系。2022 年 1 月，印发《辽宁省"十四五"金融业发展规划》，提出稳步推动供应链金融创新发展的各项举措。

——多措并举提升跨境便利水平。一是推动口岸营商环境建设。沈阳海关继续深化以"一次运抵、一次申报、一次装卸、一次验放"为标志的"区港直通"改革，彻底破解中欧班列装载节点与综保区物理区位隔离的发展瓶颈，为打造辽宁沈阳中欧班列集结中心创造有利条件。二是积极推进铁路口岸数字化转型，持续压缩整体通关时间。沈阳海关会同省商务厅（口岸办）充分运用区块链技术，推进铁路"智能口岸"建设，全面打通各方信息孤岛。三是优化国际船舶和航班保障能力。全力保障汽车产业链供应链循环畅通，实行船舶到港"零延时"作业，推行通行便利"零等待"服务，率先在国内试点自贸区国际航行船舶办理进口岸审批告知承诺制。

4.21 云南

2022 年，云南供应链发展水平综合得分为 14.12，排名全国第 21 位。从分项指标来看，"地网"排名全国第 18 位，"天网"排名全国第 21 位，"金网"排名全国第 21 位，"商网"排名全国第 15 位。2022 年，云南"四网"的得分情况如图 4-21 所示，排名情况如表 4-21 所示。

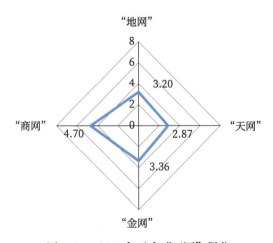

图 4-21　2022年云南"四网"得分

表 4-21　2022年云南供应链发展水平排名

项目	得分	排名	分项指标排名	
			规模	效率
"地网"	3.20	18	17	19
"天网"	2.87	21	19	22
"金网"	3.36	21	27	11
"商网"	4.70	15	16	2
综合得分	14.12	21	—	—

云南"地网"机场货运发展突出，发展前景广阔。云南"地网"全国排名并不靠前，但云南借助其独特的地理优势，机场货运优势突出，社会物流总额达到76785亿元，全国排名第13位，借助昆明长水国际机场与丽江三义国际机场，以及省内其他12座机场，机场货邮吞吐量达到34.50万吨，排名全国第11位。

云南"商网"独具优势，贸易出口结构持续优化。云南充分发挥区位、资源、人文优势，聚焦面向南亚、东南亚，辐射中心建设，主动服务和融入高质量共建"一带一路"，与南亚、东南亚国家缔结国际友城数量居全国首位。云南高新技术产品出口占比达到42.37%，2022年云南出口最大单品是单晶硅切片，出品额达83亿元，同比增长168.60%。得益于云南大力推进"提前申报""两步申报"等通关改革措施，创新"运抵直通"通关模式，极大提升了通关效率，进出口整体通关时间为11.71小时，位列全国第2位，降低了通关成本。

——持续推进内外贸一体化发展。2022年5月，云南发布《云南省促进内外贸一体化发展若干措施》，积极发挥政府引导作用和企业主体作用，聚焦做好畅通双循环、创新促进内外融合的工作。与供应链相关的内容包括：一是培育一批双循环企业。培育引进外贸综合服务企业，积极扶持培育供应链创新与应用试点企业，打造高原特色农业重点产业链"链主"企业。二是创新融合发展模式。加强对新业态新模式的有效支持，推动中国面向南亚东南亚数字经济先行示范区建设，加快推进昆明市服务贸易创新发展试点。三是加快内外融合发展。加快中老磨憨—磨丁经济合作区等中老铁路沿线产业园区建设，发挥综合保税区功能作用。四是构建内外联通物流网络。加快推进陆上边境口岸型国家物流枢纽建设，不断巩固、开辟南亚东南亚及环印度洋地区国际货运航线，支持加快建设边境仓、海外仓、配送中心等物流基础设施，优化城市配送网络。五是加强规则对接应用。加快推进中国（云南）自由贸易试验区改革创新，积极探索研究口岸通关"一地两检"模式和外籍人员入境就业等试点，加快推动 RCEP 原产地管理信息化应用项目 3.0 版本在云南上线应用。

——强力推进外贸高质量内涵式发展。2022 年 7 月，为进一步推进外贸做大总量，发展新业态新模式，云南省商务厅印发《云南省推进对外贸易高质量发展三年行动（2022—2024 年）》。按照以"大通道带动大物流、大物流带动大贸易、大贸易带动大产业"要求，加快贸易方式、商品结构、口岸建设、跨境运输、要素市场及交易中心等转型升级，推进外贸"买周边到全国、卖全国到周边"，促进更高水平对外开放，助推面向南亚东南亚辐射中心建设。

4.22　内蒙古

2022 年，内蒙古供应链发展水平综合得分为 13.10，全国排名第 22 位。分项指标来看，"地网"排名全国第 24 位，"天网"排名全国第 26 位，"金网"排名全国第 4 位，"商网"排名全国第 23 位。2022 年，内蒙古"四网"的得分情况如图 4-22 所示，排名情况如表 4-22 所示。

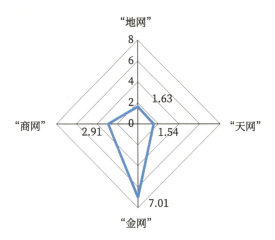

图 4-22　2022年内蒙古"四网"得分

表 4-22　2022年内蒙古供应链发展水平排名

项目	得分	排名	分项指标排名	
			规模	效率
"地网"	1.63	24	24	25
"天网"	1.54	26	23	29

项目	得分	排名	分项指标排名	
			规模	效率
"金网"	7.01	4	19	1
"商网"	2.91	23	24	8
综合得分	13.10	22	—	—

内蒙古"金网"表现突出，龙头企业带动作用明显。内蒙古东西狭长，横跨三北，资源富集，资源型产业发展潜力巨大，供应链"金网"排名连续两年进入全国前5位。内蒙古供应链"金网"的缔造和实践主要依托区域内特色龙头企业。凭借蒙牛集团、伊利集团等农牧业企业遍及全国所有省份的生产销售网络，内蒙古供应链金融创新实践始终走在全国前列。2014年起，伊利集团先后成立内蒙古惠商融资担保有限公司、惠商商业保理有限公司、内蒙古惠商互联网小额贷款公司和呼和浩特市伊兴奶业投资管理有限公司，搭建供应链金融系统。蒙牛集团全面接入网商银行数字供应链金融"大雁系统"，为旗下超百万下游小微经营者提供综合金融服务。

内蒙古"商网"出口优势明显，对外开放地位突出。内蒙古狭长的边境线和独特的地理位置，使内蒙古对外开放的口岸多达20个，满洲里、二连浩特更是我国连接俄蒙两国的重要陆路口岸，在国家对外开放大格局中占有重要战略地位。发达的对外贸易使内蒙古高新技术产品出口占比全国排名第11位，"商网"效率全国排名第8位，对外贸易快速发展。

——打造特色区域现代金融体系。2021年，内蒙古出台《内蒙古自治区"十四五"金融发展与改革规划》，提出围绕特色农牧业产业龙头企业发展供应链金融，进一步助力区域供应链"金网"做大做强。2023年9月4日，内蒙古制定下发了《内蒙古自治区牲畜活体贷款服务指引（暂行）》，探索建立推广"保险＋银行＋担保＋监管"牲畜活体贷款特色模式，以保险保单为核心，将保险职能放大，破除活体抵押存在的难题，建立牲畜活体贷款新模式，拓宽"三农三牧"融资渠道。

——聚焦外贸发展，全力推进全域开放。一是全力服务中蒙外交外贸大局。专题研究出台落实《中华人民共和国和蒙古国关于新时代推进全面战略伙伴关系的联合声明》的27条措施，积极回应蒙方重要国计民生物资进口诉求，持续畅通农副产品出口"绿色通道"，引导企业改变国内拼装果蔬产品出口模式，缩短检测周期。

二是高标准服务共建"一带一路"。助推中欧班列扩量增线，综合运用口岸清关、全国通关一体化、转关、铁路快速通关及 TIR 等模式，提高口岸通关效率。在 6 个公路口岸全面推行"提前审结、卡口验放"智慧监管通关模式，推广应用跨境 AGV 无人运输等非接触式货物交接模式。三是持续优化口岸营商新环境。建立"红黄绿"表格监控通报和整改处置制度，持续巩固压缩整体通关时间成效，认真落实税收优惠政策和煤炭零进口暂定税率政策，进口减免税货值、免征关税同比增长 3.24 倍、3.04 倍，开展关区企业 RCEP 享惠情况专题分析，大力推广企业集团财务公司担保。

4.23 山西

2022 年，山西供应链发展水平综合得分为 11.98，排名全国第 23 位。从分项指标来看，"地网"排名全国第 22 位，"天网"排名全国第 25 位，"金网"排名全国第 18 位，"商网"排名全国第 17 位。2022 年，山西"四网"的得分情况如图 4-23 所示，排名情况如表 4-23 所示。

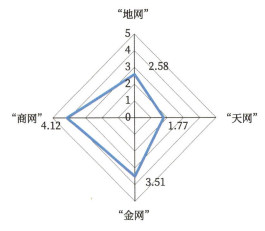

图 4-23　2022年山西"四网"得分

表 4-23　2022年山西供应链发展水平排名

项目	得分	排名	分项指标排名	
			规模	效率
"地网"	2.58	22	22	20
"天网"	1.77	25	21	28
"金网"	3.51	18	23	10

项目	得分	排名	分项指标排名	
			规模	效率
"商网"	4.12	17	17	21
综合得分	11.98	23	—	—

山西"金网"风险控制全国领先，但规模效应仍需强化。山西供应链金融企业数量较少，但整体风险控制较好，供应链上市企业资产负债率为26.77%，全国排名第1位，供应链上市企业盈利能力全国排名并列第3位。

山西"商网"规模偏小，外贸结构发展较优。山西内外贸规模整体偏小，社会消费品零售总额和进出口总额均排名较落后。但山西对外贸易结构具有特色，高新技术产品出口占比66.72%，排名中部第1位，这源于山西大力引入外资，引导企业向"高技术、高附加值"转型，发展加工贸易，实现外贸高质量发展。

——聚焦细分领域，打造高效、完善、便捷的全省现代物流体系。2022年1月，山西省人民政府办公厅印发《山西省促进网络货运行业健康发展工作方案》。2023年2月，山西省人民政府办公厅印发《山西省关于加快电子商务体系和快递物流配送体系贯通发展行动计划》，出台支持邮政快递业发展的一揽子政策，统筹国家物流枢纽建设和快递物流枢纽布局，制定全省快递物流枢纽网络布局的配套政策，构建"通道＋枢纽＋网络"快递物流体系。2023年2月，山西省发展和改革委员会、省财政厅、省商务厅、省邮政管理局联合印发了《2023年农村寄递物流服务全覆盖提质工程实施方案》，开展全省农村寄递物流服务全覆盖提质工程，聚焦进一步降低农村寄递物流成本，深入推动农村寄递物流体系建设。2022年12月，山西省发展和改革委员会印发《山西省"十四五"冷链物流发展规划》，明确支持运城、太原进入国家骨干冷链物流基地建设名单，加快融入京津冀冷链物流网络，打造山西中部城市群与京津冀合作门户、全省与京津冀协同发展的重要节点。提出到2025年，山西将基本建成面向京津冀、覆盖11个市和主要县（市）的冷链物流干支配网络，补齐冷链物流上下游短板，力争成为服务京津冀、辐射中部地区的区域性冷链物流和产业循环关键节点。

——强化省属地方金融企业能力担当，探索实践供应链金融特色业务。山西银行作为省属地方金融企业，选择突出发展供应链金融，通过供应链金融业务打造山西银行的核心竞争力。山西银行总行层面成立供应链业务领导小组和供应链金融业务专班，专业高效提升供应链金融服务能力和水平，按照"制度先行、系统赋能、场景推进"模式，建成涵盖应收、预付、存货三大类 16 项的供应链标准化产品体系，针对供应链上游，盘活其应收账款、票据等主要的流动资产，将核心企业信用延伸分发至上游供应商，开发"保理融资、商票保贴、电子债权凭证"等产品，实现对上游小微企业的有效覆盖；针对供应链下游，挖掘核心企业链条上的交易数据，开发"订单融资、保兑仓"产品，实现风险整体识别、客户批量准入。

4.24 黑龙江

2022 年，黑龙江供应链发展水平综合得分为 9.96，排名全国第 24 位。从分项指标来看，"地网"排名全国第 26 位，"天网"排名全国第 23 位，"金网"排名全国第 17 位，"商网"排名全国第 25 位。2022 年，黑龙江"四网"的得分情况如图 4-24 所示，排名情况如表 4-24 所示。

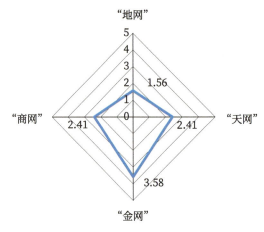

图 4-24　2022年黑龙江"四网"得分

表 4-24　2022年黑龙江供应链发展水平排名

项目	得分	排名	分项指标排名	
			规模	效率
"地网"	1.56	26	25	22
"天网"	2.41	23	24	21
"金网"	3.58	17	22	9

项目	得分	排名	分项指标排名	
			规模	效率
"商网"	2.41	25	25	17
综合得分	9.96	24	—	—

黑龙江"金网"表现突出，供应链企业盈利能力全国领先。黑龙江供应链上市企业盈利能力排名全国第 1 位，供应链上市企业资产负债率低，全国排名并列第 3 位，供应链金融生态良好。这源于黑龙江土地、林业、矿产等自然资源丰富，工业基础厚实，供应链企业多经营农林牧渔、石油、煤矿铁矿、机械装备等商品，市场需求量大，供需关系稳定，已建立起较为成熟的供应链生态，因而盈利能力强且负债率低。同时，黑龙江大力推行金融服务于粮食供应链、军民融合供应链、制造业供应链、医药行业供应链、电商供应链等，按照不同行业的经营模式，拟定不同行业供应链业务指引，按场景设计服务方案，创新服务模式。中国银行黑龙江省分行供应链金融业务已发展到几十亿元规模，核心客户 10 多家，支持上下游企业近 120 家。

——大力推进全省商贸流通现代化体系突破性发展。2023 年 11 月，黑龙江省商务厅、省发展改革委、省工信厅、省农业农村厅等 12 部门联合印发《黑龙江省商贸流通体系发展规划（2023—2025 年）》，明确了建设特色农产品市场体系、提升全省商贸物流体系支撑能力、健全县域商业与农村配送体系、健全城市商业与配送体系、打造两级区域消费中心城市、引入壮大消费互联网平台、建立健全对俄进口贸易体系、打造两大特色进口商品垂直市场、推动进口跨境电商发展九项重点任务，推动黑龙江省商贸流通高质量发展，建成适应新发展格局的现代商贸流通体系，推动商贸冷链物流提质降本增效，加快提升现代化水平。同时发布了《黑龙江省商贸冷链物流建设行动方案》，确定了补足冷链各环节设施、发展对俄跨境商贸冷链物流、引进培育龙头企业、发展"智慧＋"商贸冷链物流、推进商贸冷链物流标准化建设、加速商贸冷链物流绿色低碳化六项重点任务。

4.25 吉林

2022 年，吉林供应链发展水平综合得分为 9.95，排名全国第 25 位。从分项指标来看，"地网"排名全国第 25 位，"天网"排名全国第 22 位，"金网"排名全国第 26 位，"商网"排名全国第 24 位。2022 年，吉林"四网"的得分情况如图 4-25 所示，排名情况如表 4-25 所示。

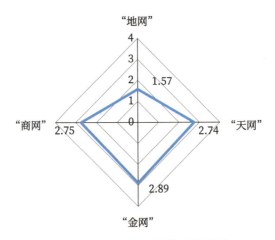

图 4-25　2022年吉林"四网"得分

表 4-25　2022年吉林供应链发展水平排名

项目	得分	排名	分项指标排名	
			规模	效率
"地网"	1.57	25	26	21
"天网"	2.74	22	25	17
"金网"	2.89	26	24	24
"商网"	2.75	24	23	22
综合得分	9.95	25	—	—

吉林"金网"整体排名靠后，但企业盈利能力较为突出。吉林是我国主要的商品粮基地，为解决农产品流通问题，吉林打造产业链供应链金融服务体系，创新"卫星库点""南北协作"等供应链金融服务模式，加速推动产销协作，供应链上市企业盈利能力较强，全国排名并列第 5 位。

吉林"商网"外贸优势明显，规模发展持续提升。2022 年进出口总额为 1558.50 亿元，同比增长 17.30%，充分利用地理优势，积极推进跨境贸易便利化，进出口整体通关时间为 34.42 小时，排名全国中游。

——持续加强制造业供应链金融服务保障。人民银行吉林省分行制定印发《关于做好吉林省制造业金融支持与服务的通知》，引导金融机构加大制造业的信贷投放力度，着力做好战略性新兴产业金融保障。吉林省人民政府出台关于实施汽车产业集群"上台阶"工程的意见，加大对汽车产业集群、全产业链制造业企业、汽车制造领域重点项目的信贷支持。强化货币政策工具支持撬动作用，加大对符合条件的制造业贷款特别是先进制造业贷款的支持力度。同时深化平台对接，建立长效的制造业企业项目名单推送机制，加强与相关部门的沟通协作，帮助银行机构精准获取客户，提升银行机构放贷信心。组织银行机构通过平台在线上精准对接制造业小微企业融资需求，有效扩大金融服务覆盖面。

4.26　海南

2022 年，海南供应链发展水平综合得分为 8.17，排名全国第 26 位。从分项指标来看，海南"地网"排名全国第 21 位，"天网"排名全国第 24 位，"金网"排名全国第 29 位，"商网"排名全国第 27 位。2022 年，海南"四网"的得分情况如图 4-26 所示，排名情况如表 4-26 所示。

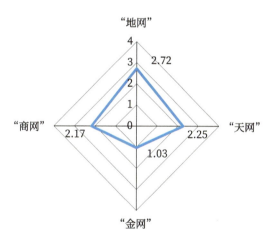

图 4-26　2022年海南"四网"得分

表 4-26　2022年海南供应链发展水平排名

项目	得分	排名	分项指标排名	
			规模	效率
"地网"	2.72	21	15	31
"天网"	2.25	24	27	18
"金网"	1.03	29	28	29

项目	得分	排名	分项指标排名	
			规模	效率
"商网"	2.17	27	26	20
综合得分	8.17	26	—	—

　　海南"商网"总体规模较小，对外贸易发展势头强劲。2022年，海南社会消费品零售总额为2268.35亿元，居全国第28位。对外贸易方面，2022年，海南进出口总额首次突破2000亿元关口，达到2009.50亿元，比2021年增长36.80%，增速较全国快29.10个百分点。其中，出口额为722.60亿元，增长120.70%；进口额为1286.90亿元，增长12.80%。

　　——建设服务国内超大规模市场的"国家冷链大仓库"，打造区域性国际冷链物流中心。2021年7月，海南省发展和改革委员会、交通运输厅联合发布《海南省"十四五"现代物流业发展规划》，提出依托贸易和运输低成本的制度优势，背靠国内超大规模消费市场，面向全球新兴市场，构建以服务国内市场为主，促进国内国际经济双循环发展新格局的动能转换枢纽，着力打造服务于国内国际"两个市场"贸易创新发展的"国家大仓库"。依托国内市场，建设国际一流冷链设施，完善冷链服务体系。对标国际食品和药品冷链管理认证标准，打造区域性国际冷链物流中心。

　　——成立专业化供应链国企平台。2023年12月，海南省物流集团有限公司揭牌，是海南省国资系统内唯一一家物流领域投资、建设、运营、管理的专业化产业集团。到2030年，海南省物流集团有限公司业务网络将覆盖全岛各市县，打造形成以物流园区为骨干节点的三级枢纽物流网络和大数据平台与物流信息服务网络，实现线下网络与线上平台对全岛公路主干线和重要支线物流业务的全覆盖，实现对公铁、陆港等多式联运业务领域的全面涉及，发展成为国内行业50强的物流业龙头企业。

4.27　甘肃

　　2022年，甘肃供应链发展水平综合得分为7.72，排名全国第27位。从分项指标来看，甘肃"地网"排名全国第28位，"天网"排名全国第28位，"金网"排名全国第20位，"商网"排名全国第29位。2022年，甘肃"四网"的得分情况如图4-27所示，排名情况如表4-27所示。

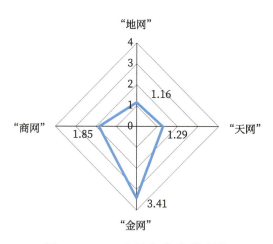

图4-27　2022年甘肃"四网"得分

表4-27　2022年甘肃供应链发展水平排名

项目	得分	排名	分项指标排名	
			规模	效率
"地网"	1.16	28	28	29
"天网"	1.29	28	26	27
"金网"	3.41	20	26	12
"商网"	1.85	29	28	7
综合得分	7.72	27	—	—

甘肃"地网"仍需完善，物流产业规模加速增长。2022年，甘肃"地网"排名全国第28位，甘肃公路网、铁路网和机场密度均远低于全国平均水平，市际物流通道网络密度低，高效联通的末端配送网络尚未形成，处于弥补基础短板的突破期。同时，现代物流产业规模集聚增长，实现货物周转量3680.60亿吨公里，同比增长27.50%。

甘肃"商网"规模较小，对外贸易实现突破。2022年，甘肃不断扩大与"一带一路"沿线国家和地区的合作，对外贸易表现较好，实现进出口总额584.20亿元，同比增长18.80%，对"一带一路"沿线国家进出口额为278.30亿元，增长23.80%。

——打造国内国际双循环的重要链接点。2021年11月，甘肃省发展和改革委员会印发《甘肃省"十四五"现代物流业发展规划》，提出打造国内大循环的重要支撑点、国内国际双循环的重要链接点，形成联接丝绸之路经济带和西部陆海新通道的黄金通道和枢纽节点，使现代物流业发展成为推动甘肃省经济发展的突破点以及重要的先导和支撑产业，为全国和全省经济空间布局优化、现代化经济体系建设和实体经济高质量发展奠定坚实基础。2022年5月，甘肃省发展和改革委员会印发《甘肃省"十四五"现代流通体系建设方案》，提出加快建设现代流通统一大市场，发展现代商贸流通和现代物流两大体系，强化交通运输、金融和信用三方面支撑，形成"一市场、两体系、三支撑"的总体发展框架，为甘肃融入双循环新发展格局提供有力支撑。

4.28　新疆

2022年，新疆供应链发展水平综合得分为7.58，排名全国第28位。从分项指标来看，新疆"地网"排名全国第27位，"天网"排名全国第29位，"金网"排名全国第25位，"商网"排名全国第28位。2022年，新疆"四网"的得分情况如图4-28所示，排名情况如表4-28所示。

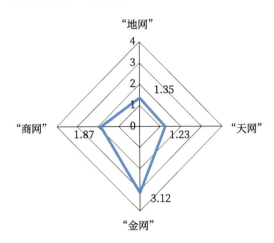

图4-28　2022年新疆"四网"得分

表 4-28　2022年新疆供应链发展水平排名

项目	得分	排名	分项指标排名	
			规模	效率
"地网"	1.35	27	27	26
"天网"	1.23	29	29	26
"金网"	3.12	25	20	22
"商网"	1.87	28	29	4
综合得分	7.58	28	—	—

新疆"地网"发展滞后，但物流发展规模整体提升。新疆地处中国西北和亚欧大陆腹地，是通向中亚、西亚、南亚以及欧洲的重要通道，但交通发展落后于全国平均水平，尤其是高寒高海拔山区和偏远荒漠地区建设、运营、养护管理难度大，运输服务品质不高。2022 年全年货物运输量为 8.80 亿吨，比上年增长 1.30%；货物运输周转量为 2675.36 亿吨公里，增长 13.90%。

新疆"商网"增长迅速，贸易便利化优势显现。新疆"商网"虽排名落后，但进出口总额达 2463.60 亿元，同比增长 57.00%，高于全国增速 49.30 个百分点，增速位居全国第一位。新疆通过提升口岸基础设施建设、大力推进跨境口岸建设，实现进出口整体通关时间为 15.38 小时，贸易便利化程度处于全国前列。

——构建高效产业供应链服务体系。2022 年 4 月，新疆发布《新疆维吾尔自治区现代物流业发展"十四五"规划》，提出聚焦现代物流与一二三产业融合发展需求，提升现代物流对制造、商贸、农业等产业的基础支撑与价值创造能力，以物流支撑供应链、供应链服务产业链、产业链提升价值链的"三链融合"为突破方向，提升经济产业高质量发展的活力和竞争力。聚焦新疆新能源、新材料、装备制造、生物医药、电子信息、纺织服装等产业发展，加强现代物流与先进制造业布局有效衔接。支持物流企业与制造企业通过市场化方式创新供应链协同共建模式，建立互利共赢的长期战略合作关系，建设集采购、分销、仓储、配送、金融于一体的供应链协同服务平台，增强企业响应市场变化和应对外部冲击的能力。

4.29　宁夏

2022 年，宁夏供应链发展水平综合得分为 7.48，排名全国第 29 位。从分项指标来看，宁夏"地网"排名全国第 29 位，"天网"排名全国第 27 位，"金网"排名全国第 27 位，"商网"排名全国第 26 位。2022 年，宁夏"四网"的得分情况如图 4-29 所示，排名情况如表 4-29 所示。

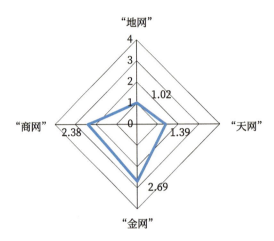

图 4-29　2022年宁夏"四网"得分

表 4-29　2022年宁夏供应链发展水平排名

项目	得分	排名	分项指标排名	
			规模	效率
"地网"	1.02	29	29	24
"天网"	1.39	27	28	25
"金网"	2.69	27	31	19
"商网"	2.38	26	27	3
综合得分	7.48	29	—	—

宁夏"地网"规模稳步扩大，物流降本增效取得成效。2022 年，宁夏实现社会物流总额 10230 亿元，首次突破万亿元大关；货物运输周转量达 874.00 亿吨公里，同比增长 7.60%，社会物流总费用占地区生产总值的比率为 16.60%，达到历史最高水平。

宁夏"商网"平稳发展，对外贸易量增质升。2022 年，宁夏社会消费品零售总额达 1338.44 亿元，比上年增长 0.20%。宁夏积极融入和服务共建"一带一路"，对外贸易快速增长。2022 年，货物贸易进出口总额达 257.40 亿元，比上年增长 23.70%，其中高新技术产品出口占比 36.49%，位居全国排名并列第 8 位。积极开展促进跨境贸易便利化专项行动，进出口整体通关时间连续两年进入全国前 5 位。

——深化物流业与制造业融合发展。2021 年 9 月，宁夏回族自治区人民政府办公厅印发《宁夏回族自治区现代物流发展"十四五"规划》，提出围绕电子信息、新型材料、清洁能源、绿色食品等重点产业，推动物流业、制造业协同联动和跨界融合。2022 年 11 月，宁夏回族自治区商务厅、财政厅联合印发《宁夏回族自治区推动现代物流业高质量发展的若干扶持政策》，提出围绕"六新六特"产业发展需求，引导现代物流企业拓展上下游产业链，发展横向配套、纵向延伸的供应链体系，探索涵盖原材料供应、采购执行、仓储管理、库存管理、订单开发、产品代销、出口代理等专项或集成的供应链管理服务。

——培育开放经济新优势，推动外贸强基提档。2022 年 3 月，宁夏回族自治区人民政府办公厅印发《关于推进全区外贸新业态新模式发展的若干措施》，提出推动外贸领域制度创新、管理创新、服务创新、业态创新、模式创新，拓展外贸发展空间，提升外贸运行效率，培育外贸发展有生力量。2023 年 12 月，宁夏回族自治区人民政府办公厅印发《关于推动外贸稳规模优结构的若干措施》，从培育外贸经营主体、强化贸易促进拓展市场、加快发展外贸新业态等方面，大力推动外贸稳规模优结构，助力实现外贸五年倍增计划。

4.30 全国区域供应链"四网"发展水平总体评价

东部地区在供应链竞争力上处于领先地位，特别是广东、上海、北京、江苏、浙江和山东等省份的综合得分均超过 30，位居全国前列。广东以其在物流"地网"和数字化"天网"方面的卓越表现，连续三年排名全国第一。中西部地区的湖北、四川和河南也展现出较强的供应链竞争力，而东北地区的辽宁处于全国中游水平。

在"地网"发展水平方面，东部地区整体上保持领先，中部地区发展势头强劲，而西部地区和东北地区则相对落后。在规模方面，不同地区之间存在明显的分化，广东和上海处于领先地位。在效率方面，东部和中部地区发展水平相当，西部地区有待进一步提升。

在"天网"发展水平方面，广东发展水平显著优于其他地区。在规模方面，东部地区整体领先，其中湖北在中部地区中表现突出。在效率方面，各区域间的发展差异较小，相对均衡。

在"金网"发展水平方面，北京、广东和上海领跑全国，内蒙古在"金网"排名跃升至第4位，是唯一跻身前五名的西部地区。在规模方面，除北京、广东、上海外，其他地区发展相对较为薄弱，有待进一步加强。在效率方面，内蒙古展现出了领先优势。

在"商网"发展水平方面，东部地区的商贸发展在全国处于领先地位，整体形成三个梯队，第一梯队由东部地区的省份组成，第二梯队包括中部和西部地区的省份，第三梯队则主要是西部地区和东北地区的省份。在规模方面，沿海地区拥有领先优势，具有较强的竞争力。在效率方面，西部地区在"一带一路"倡议的推动下提升较为明显。

5

主要结论

在复杂的外部环境之下，全球供应链发展正呈现协同化、区域化、数字化、绿色化、平台化的主要趋势。需要建立战略性、全局性、系统性的供应链思维，以协同、高效的理念推动供应链的发展，构筑高效畅通、安全稳定、开放包容、互利共赢的供应链体系。

5.1　协同化发展：构建互联互通的供应链网络

在全球化的经济体系中，供应链的协同化发展是提升整体竞争力的关键。第一，物流"地网"、数字化"天网"、供应链"金网"和贸易"商网"的协同发展，不仅能够实现资源的高效配置和流动，还能够提升供应链的响应速度和适应市场变化的能力。第二，区域间的协同发展对于建设全国统一大市场至关重要。政府的创新和积极作为，将推动建立全域高效协同的供应链体系，这包括但不限于优化法律法规、提供财政支持、推动技术创新和人才培养，以及加强跨区域的协调和合作。例如，中国已建成全球最大的高速铁路网、高速公路网、世界级港口群，为促进全球基础设施互联互通提供有力支持。

5.2　区域化布局：重塑供应链地理分布

第一，全球供应链发展呈现区域化特征。近年来，不少国家通过签订区域贸易协定、推动全球供应链关键环节的近岸化和本土化等方式，促进区域内部贸易自由化，同时也带来了供应链的地理重构。第二，韧性与安全成为供应链发展的关键。

当前，全球供应链和产业链加速转移和重组，全球价值链体系将逐步走向区域化（北美、欧洲、亚洲）、独立化和数字化。同时，主要区域内的核心（美国、欧盟、中国）将把价值链的安全和韧性放在首要位置。在此趋势下，加快构建全国统一大市场，成为推动供应链良性发展的重要驱动力。实现关键核心技术的突破，推动供应链的自主可控是当务之急和根本保障。此外，我国应推进供应链全球布局，与"一带一路"沿线国家和地区的互联互通，更深、更广地融入全球供应链发展体系，争取掌握在全球供应链中的话语权。

5.3　数字化转型：驱动供应链创新发展

第一，技术创新是推动数字化供应链变革的巨大动力。在全球技术变革的推动下，数字化被认为是重塑供应链的关键，也是大势所趋。数字供应链的核心理念是以大数据、人工智能、物联网和云计算等技术创新为引领，将数据资源整合到整个供应链发展过程中，提升信息流的交互能力，解决物流、资金、供需等多种信息要素不对称的问题，实现降本增效。第二，数字化供应链的关键在于数据资源的有效利用和分析。将供应链各个环节的数字资源整合在公共信息平台上，对海量数据进行战略性利用，才能实现可视化、规范化、预测性分析，及时了解供应链各环节风险，提升决策信息化、智能化水平。

5.4　绿色化战略：推进供应链可持续发展

绿色供应链是将环境保护和资源节约的理念贯穿于供应链管理全过程，主要包括绿色采购、绿色制造、绿色物流、绿色回收等供应链各个环节，绿色供应链将成为未来供应链发展的重要方向之一。从全球来看，美国、欧洲、日本、韩国等国家和地区相继宣布计划在2050年前后实现碳中和，推动全球供应链向绿色低碳化转型已成为共识。从国内来看，我国确定力争2030年前实现碳达峰，2060年前实现碳中和的战略目标，推动供应链向绿色低碳转型、可持续方向发展成为重中之重。构建绿色供应链能有效减少资源消耗，促进降本增效，实现高质量发展；同时，构建绿色供应链也有助于规避全球绿色技术贸易壁垒。

5.5　平台化运营：促进供应链资源整合

供应链服务向平台化发展是必然趋势。在传统产业链供应链中，企业之间相互独立、分散，而供应链平台作为供应链管理中的重要一环，通过打造供应链平台连接的生态系统，以需求牵引供给、供给创造需求，促进供需精准对接，在产业链各企业之间实现信息共享，推动要素资源的聚集、整合，打破信息孤岛，推动供应链效率提升和成本降低，最终形成资源共享、高效衔接、协同运作的闭环供应链。供应链平台加速了产业供应链重构，有利于构建现代化产业体系，推动区域经济向集约化、规模化发展。

6

附录

6.1 部分城市供应链政策简介

本部分政策选取时间范围为 2022—2023 年，旨在捕捉中国供应链领域在"十四五"规划期间的最新政策动向。政策的选取依据国家的政策导向，涵盖现代供应链体系建设、物流规划、供应链金融、冷链物流等关键领域，这些政策不仅体现了国家的战略导向，也对供应链行业的创新、转型和整体竞争力产生了深远影响。副省级城市供应链相关政策如表 6-1 所示。

表6-1 副省级城市供应链相关政策汇总表

城市	发布单位	政策名称	发布时间	政策摘要
深圳	深圳市商务局	《深圳市促进物流供应链企业高质量发展工作措施》	2023年8月	引进培育高能级贸易主体；支持拓展外贸新业态业务；提升供应链企业服务制造业能力；推动企业扩大批发规模；强化物流集散功能；保障仓储设施供给；加大金融支持力度；提升贸易便利化水平；增强平台企业支撑作用；加强重点供应链企业监测服务

城市	发布单位	政策名称	发布时间	政策摘要
深圳	深圳市工业和信息化局、深圳市商务局	《深圳市加快推进供应链创新与发展三年行动计划（2023—2025年）》	2023年9月	培育一批具有集聚能力的供应链核心企业；打造一批具有供应链布局协同能力的工业品牌；大力发展服务型制造；做大做强供应链服务企业；推动供应链服务跨界融合；推动供应链国际资源合作；增强供应链服务出海能力；完善消费供应链体系；构筑跨境电商供应链体系；建设大宗商品供应链体系；打造汽车全球供应链协同体系；推动特殊监管区域创新发展；优化布局产业园区供应链配套设施；完善现代物流基础设施建设；加强对外物流网络布局；加大对供应链融资的支持力度；强化供应链信用体系建设；提升供应链管理数字化水平；支持供应链服务数字化升级；加快智慧物流技术与装备研发应用；积极打造绿色供应链；加强供应链人才引培；支持设立海外供应链服务机构；加强供应链标准研制与推广；加强供应链风险预警和应急响应能力
广州	广州市商务局	《广州市促进外贸供应链畅通若干措施》	2022年3月	促进物流供需对接；搭建信息共享平台；支持物流企业拓展国际业务；提升国际航空货运能力；强化国际海运竞争力；推动中欧中亚班列提质扩容；优化创新多式联运模式；完善物流仓储设施建设；提供船舶保税油加注优质服务；构建高效便捷的通关体系；精准实施疫情防控；加强物流行业自律和管理；加强普惠性金融物流支持
	广州市人民政府办公厅	《广州市商务发展"十四五"规划》	2022年4月	打造优质供应链综合服务平台。打造立足广州、背靠粤港澳、面向国际的"辐射型、创新型、服务型"交易平台，构设全球采购、广州集散、辐射全球的优质供应链生态圈。发挥龙头企业引领作用，培育一批具有全球采购配送能力的供应链服务商，提升国内外重要产品及资源配置能力。推动赋予广东钻石进出口一般贸易通关和相关税收优惠政策，支持广州钻石交易中心对接世界钻石交易所联盟、世界钻石理事会等交易机制和会员体系，建设数字化交易平台，赋能国际钻石保税贸易、加工贸易、一般贸易和内销市场。发挥粤港澳大湾区珠宝产业优势，依托广东省珠宝玉石交易中心，完善数字化的国际珠宝玉石产业供应链服务枢纽，聚集行业力量，构建集研发设计、加工制造、品牌培育、市场销售于一体的粤港澳大湾区珠宝首饰全产业生态体系

城市	发布单位	政策名称	发布时间	政策摘要
广州	广州市人民政府	《广州市建设国际消费中心城市发展规划（2022—2025年）》	2023年2月	形成辐射全球的供应链中心。结合全国供应链创新与应用示范城市建设，着力完善物流和供应链体系，加快构建重点产业"链长制"，培育一批生产型、流通型、服务型的供应链龙头企业。建设南沙国际汽车口岸配套服务设施、京东亚洲一号广州花都物流园、玉湖国际冷链产品交易中心中国总部、J&T极兔速递华南中心暨东南亚运营中心、南沙全球人道主义应急仓库和枢纽及其配套项目、粤港澳大湾区机场共享国际货运中心、全球优品国际分拨中心、骏德美食美酒分拨中心、华南医药公共保税分拨中心、南沙汽车贸易综合服务枢纽等专业供应链物流枢纽，提升供应链组织能力。加强互联网、大数据、人工智能等新技术运用，促进产业链、供应链高效协同。围绕电子、汽车、化妆品、医药等本地优势产业，引进和培育一批专业化电子商务企业，提升供应链服务能力。鼓励企业构建供应链平台，开展供应链金融创新，提高供应链服务总体水平。推动金融机构、核心企业、政府部门、第三方专业机构等各方加强信息共享
杭州	杭州市人民政府办公厅	《杭州市人民政府办公厅关于促进杭州市新电商高质量发展的若干意见》	2022年6月	推动供应链拓展。鼓励新电商产业化发展，建立完备的集货体系，打通设计研发、生产制造、品牌打造、线下网点和仓储物流体系建设等产业链各环节。推动品牌商与新电商企业合作，引导国内外知名品牌企业开设选品中心。在传统产业带聚集的基础上，在各电商平台建设一批新型产业带，实现产业带内部企业数据驱动、资源高效整合和项目联动孵化。对能够整合设计、生产、服务、管理、营销全流程，并形成特色品牌产品的供应链（选品中心）项目，按其实际投资额的20%给予补助，最高不超过300万元。对符合条件的新型产业带，按其实际投入的20%给予运营主体资助，最长不超过3年，最高不超过200万元
	杭州市人民政府办公厅	《杭州市人民政府办公厅关于促进杭州市现代物流业高质量发展的若干意见》	2023年1月	支持物流企业发展一体化供应链服务。支持发展综合物流服务商，鼓励物流企业积极拓展采购、供应、仓储、运输、配送等全链条综合服务。支持创新商贸一体化供应链服务，鼓励物流企业拓展业务，延伸直播电商、品牌推广、新潮国货制造等一体化供应链服务。鼓励探索业态复合、功能集成、服务高效的新型一体化数智供应链创新模式

续表

城市	发布单位	政策名称	发布时间	政策摘要
武汉	武汉市人民政府	《武汉市现代物流业发展"十四五"规划》	2022年4月	通道布局：立足构建内陆开放新高地，抢抓建设国际性综合交通枢纽城市契机，着力构建中部陆海大通道和航空国际大通道，加快形成低成本、高效率、多元化的物流通道体系，为打造国内国际双循环战略链接提供支撑；空间布局：充分发挥武汉在国家新发展格局中的战略节点作用，强化区域集散流通能力，结合全市产业布局和空间发展特征，规划形成"四港四轴三集群"的物流空间布局体系；扎实建设港口型国家物流枢纽；加速打造陆港型国家物流枢纽；协同共建空港型国家物流枢纽；培育发展生产服务型国家物流枢纽；积极发展商贸服务型国家物流枢纽；构建智慧绿色物流体系；建设多方协同应急物流体系；建强多层次物流市场主体体系
	武汉市人民政府	《武汉市加快推进物流业高质量发展的若干政策措施》	2023年6月	加快国家省级示范平台建设，提升物流枢纽服务能级；加强铁水公空能力建设，拓展内畅外联物流通道；推动供应链物流集聚发展，构建一体化产业物流体系；提升城乡冷链物流水平，完善民生物流服务品质；聚焦物流企业引进培育，提升物流主体竞争实力；推动口岸平台开放共享，优化物流业营商环境；加强物流领域人才培养，增强市场主体创新能力；完善用地金融要素保障，强化物流行业基础支撑
成都	成都市委办公厅、成都市政府办公厅	《关于聚焦产业建圈强链支持实体经济高质量发展的十条政策措施》	2023年2月	加强产业链供应链生态体系建设，提高产业链供应链稳定性和竞争力。支持畅通供应链物流通道，落实支持航空货运枢纽建设扶持政策，拓展成都至重要国际物流枢纽货运航线网络，支持航空市场主体在成都新设立基地航空公司和国际航空货运转运（分拨）中心，提升航空物流服务水平。落实支持成都国际铁路港经开区高水平开放的政策措施，推动中欧班列（成渝）稳定开行，持续加大西部陆海新通道和东向海铁联运国际班列组织力度，加密中老、中越跨境直达班列开行频次，提升国际班列多元化服务水平。健全应急物流保障机制。支持建设供应链服务平台降低企业运营成本，聚焦提升电子信息、生物医药、智能制造等重点领域供应链专业化、一体化服务能力，推进集成研发设计、集中采购、组织生产、物流分销、金融支持等功能的供应链平台建设，对建设协同性强、辐射力广、发展优势大的供应链平台的企业，按实际投入的30%给予最高300万元补助

城市	发布单位	政策名称	发布时间	政策摘要
成都	成都市商务局	《成都市推动跨境电商高质量发展政策措施》	2023年2月	大力招引跨境电商链主企业。对年度进口总额超过50亿元的进口型国际供应链链主企业、年度全球商品交易总额（GMV）超过100亿美元的出口型第三方平台企业、年度业务收入超过20亿元的出口型头部跨境电商交易企业在成都投资成立的独立法人企业，两年内首次年度跨境电商交易额分别达到2亿元、10亿元、1亿元的，给予一次性奖励300万元
宁波	宁波市人民政府办公厅	《宁波市人民政府办公厅关于金融支持激发市场主体活力的实施意见》	2022年5月	构建"链主+金融机构联合体"的金融服务模式，打通"链主"企业、金融机构的供应链金融堵点，鼓励大型骨干企业为上下游中小微企业增信。迭代升级"甬贸贷"、跨境区块链等金融服务平台，实现供应链核心企业名单制管理。探索保证保险、信用保险等保险产品在供应链金融业务中的应用，力争出口信保客户覆盖率达到35%以上
宁波	宁波市人民政府办公厅	《宁波市人民政府办公厅关于加快培育新优势推动外贸高质量发展的实施意见》	2022年5月	鼓励制造业服务外包和外贸供应链服务外包发展，积极推进软件研发、工业设计、工程技术等制造业服务外包业务，探索制造业企业"产品+服务"发展模式。推动大型骨干外贸企业为上下游企业增信，引导金融机构精准提供供应链金融服务
宁波	浙江省人民政府	《浙江省"415X"先进制造业集群建设行动方案（2023—2027年）》	2023年1月	深化"链长+链主+专精特新"协同。强化供应链安全评估、断链断供风险摸排和供应链备份对接，提升产业链供应链韧性和安全水平，每年实施产业链强链补链项目500个。推动企业国际化发展。支持企业优化供应链布局，建立重要资源和产品的全球供应链体系，在全球建设海外仓1000个以上
厦门	厦门市商务局、厦门市财政局	《厦门市商贸流通与生活服务业专项资金管理办法》	2022年3月	提升供应链价值链。培育核心企业，支持供应链创新与应用试点示范企业整合上下游产业链资源，做大供应链平台业务规模；鼓励发展供应链金融；促进供应链数字化建设；营造供应链发展氛围
厦门	厦门市人民政府办公厅	《厦门市促进供应链高质量发展若干措施》	2022年7月	支持供应链平台建设；增强供应链基金引导作用；提升供应链金融服务能力；完善供应链人才支持；提升物流业务能力；优化供应链企业资产结构

城市	发布单位	政策名称	发布时间	政策摘要
厦门	厦门市人民政府办公厅	《厦门市加快推进供应链创新与应用提升核心竞争力行动方案（2022—2026年）》	2022年7月	提升供应链主体竞争力；提升产业链供应链协同能力；提升供应链数智化水平；提升供应链金融服务能力；提升全球资源配置能力；提升国际航运中心枢纽功能；优化供应链发展生态
	厦门市商务局等	《厦门市供应链创新与应用试点企业创建工作规范》	2023年5月	切实做好厦门市供应链创新与应用试点企业创建工作，通过推先进、补短板、育核心，为本市提供可复制、可推广的经验做法，实现供应链管理水平整体提升
青岛	青岛市人民政府办公厅	《青岛市供应链创新与应用示范创建行动计划（2021—2025年）》	2022年1月	主要任务：现代农产品供应链建设工程、现代工业供应链建设工程、现代商贸流通供应链建设工程、公共服务型供应链建设工程、供应链物流标准化建设工程、供应链数字化提升工程、核心企业示范引领工程、产业供应链基础载体建设工程、供应链金融规范发展工程、绿色供应链体系建设工程、供应链全球地位提升工程、供应链治理体系建设工程、产业供应链生态构建工程、区域供应链一体化发展工程、供应链安全发展推进工程
	山东省财政厅等	《山东省财政厅等5部门关于进一步优化财政金融政策融合促进供应链金融发展的通知》	2022年11月	进一步提高促进供应链金融发展的认识；形成推动供应链金融发展的工作合力；加大对供应链金融的财政政策激励
	青岛市财政局等	《青岛市财政局等5部门关于进一步强化财政金融政策融合促进供应链金融发展的通知》	2023年1月	加大对供应链金融的政策支持，包括提高中小微企业应收账款融资效率、推动应付账款票据化、大力发展供应链票据、支持供应链金融平台建设、推动供应链金融产品创新
	青岛市地方金融监督管理局等	《2023年青岛市金融服务实体经济若干政策措施》	2023年4月	发展供应链金融，丰富企业融资模式。引导银行机构、产业链核心企业与人民银行应收账款融资服务平台对接，为上下游中小微企业提供融资支持。推动应付账款票据化，对商业汇票签发量全省前10名和同比增速全省前10名且现金支付比例不低于前三年平均水平的产业链核心企业给予奖励。大力发展供应链票据，对年度签发量排名前20的企业给予奖励。支持供应链金融平台建设，对业务量达到一定规模且直接接入上海票据交易所供应链票据平台的青岛市平台，给予一次性财政奖励

续表

城市	发布单位	政策名称	发布时间	政策摘要
南京	南京市人民政府办公厅	《南京市促进工业经济平稳增长若干政策措施》	2022年6月	保持重点产业链供应链顺畅。围绕产业链供应链关键环节，制订生物医药、集成电路、高端装备等重点产业链供应链招商图谱，强化精准招商，增强供应链稳定性
	南京市人民政府	《南京市"稳经济 挑大梁 冲刺四季度"一揽子政策举措》	2022年10月	推动产业链供应链持续稳定。做好产业链供应链安全稳定预警监测，加强对风险因素的监测和分析研判，及时处置潜在风险、应对突发情况
	南京市人民政府办公厅	《南京市"十四五"期间市场主体培育方案》	2022年10月	加速传统业态数字化改造升级，通过个性化定制、柔性化生产，实现生产型供应链向消费型供应链转变；通过与互联网、物联网深度融合，打造高效协同的智慧供应链。鼓励龙头企业以商引商，加强产业链、供应链上下游配套项目招引，打造产业森林
	南京市人民政府办公厅	《南京市推动先进制造业和现代服务业深度融合发展示范行动实施方案》	2022年12月	优化供应链管理融合服务模式。引导大型流通企业向供应链集成服务商转型，鼓励企业开展智慧物流、集中采购、数据协同等供应链管理服务，推动上下游企业的生产、采购、仓储、运输、销售等管理系统相互对接，形成高效协同、弹性安全、绿色可持续的智慧供应链网络。支持核心企业建立协同综合服务平台，开展质量追溯、知识产权、报关检验、合规管理等供应链专业化服务。促进产业金融一体化融合发展。规范发展供应链金融，依托供应链核心企业，为供应链中制造、采购、运输、库存、销售等各环节提供融资服务，实现物流、商流、资金流、信息流"四流合一"，推动供应链高效运转，降低融资成本
西安	西安市发展和改革委员会	《西安市"十四五"现代物流业发展规划》	2022年1月	加快卡车航班中心、空港数字供应链服务平台建设；广泛吸引货代、国际贸易、供应链金融等配套企业聚集；着力推进传统制造业供应链组织优化升级；构建现代供应链体系；提高供应链标准化水平；深化产业融合发展；积极开展供应链创新与应用试点城市申建
	中国人民银行西安分行营业管理部等	《关于进一步优化提升供应链金融服务水平 支持西安市产业链创新链融合发展的实施方案》	2022年6月	优化完善有利于供应链金融发展的市场机制与生态环境；充分激发我市供应链金融各类参与主体创新发展的活力动能；强化提升供应链金融对重要领域与重点产业链的支持作用；建立健全供应链金融业务监测分析与风险防范的工作体系

城市	发布单位	政策名称	发布时间	政策摘要
西安	西安市人民政府办公厅	《西安市人民政府办公厅关于加快推进西安市国家综合货运枢纽补链强链有关工作的通知》	2022年7月	立足产业链供应链保通保畅，聚焦国家综合立体交通网主骨架上的综合货运枢纽，优化货物运输结构，实现多种运输方式深度融合发展；保障产业链供应链稳定，服务产业链供应链延伸
	西安市人民政府	《西安市"十四五"工业和信息化发展规划》	2022年10月	强化提升供应链。以供应链安全稳定为发展核心，发挥国内大循环中西部地区的战略腹地优势，紧抓国内产业结构调整、推进西部大开发形成新格局等战略机遇，积极对接东部地区高端制造业转移，加快自身发展。实施供应链提升工程，促进供应链安全稳定，重点聚焦本地现有的龙头骨干企业，按照"企业主导、政府引导、市场化运作"的原则，围绕关键零部件和关键核心技术，强化对有技术领先优势的单项冠军和专精特新"小巨人"企业的招商引资，同时引导社会资源和中小企业向龙头骨干企业聚集，发展一批相关配套企业，全面强化供应链供应能力
哈尔滨	黑龙江省商务厅	《黑龙江省农产品供应链体系建设试点市（地）、县（市）建设任务》	2023年4月	抓住集散地和销地两个关键节点，进一步聚焦发展农产品供应链物流，提高农产品流通效率和现代化水平。支持主要方向如下：增强农产品批发市场冷链流通能力；提高冷链物流重点干支线配送效率；完善农产品零售终端冷链环境；统筹支持农产品市场保供
	黑龙江省商务厅等	《黑龙江省商贸流通体系发展规划（2023—2025年）》	2023年8月	明确了建设特色农产品市场体系、提升全省商贸物流体系支撑能力、健全县域商业与农村配送体系、健全城市商业与配送体系、打造两级区域消费中心城市、引入壮大消费互联网平台、建立健全对俄进口贸易体系、打造两大特色进口商品垂直市场、推动进口跨境电商发展九项重点任务
济南	济南市人民政府办公厅	《济南市加快推进现代流通体系建设的实施方案》	2022年4月	推进产业链与供应链融合发展；提升供应链服务产业能级；打造"平台+园区+企业"的供应链体系；畅通国内国际流通渠道；推动枢纽型多式联运建设；做优做强流通市场；夯实流通基础设施建设

续表

城市	发布单位	政策名称	发布时间	政策摘要
济南	济南市人民政府办公厅	《济南市冷链物流发展三年行动计划（2023—2025年）》	2023年12月	提升肉类水产品设施网络效能；推动肉类水产品冷链物流延伸；优化医药产品冷链集散设施网络；推进医药产品产业链融合延伸发展；提升乳品、速冻预制食品冷链物流服务能力；促进冷链物流与乳品、速冻预制食品产业融合
	济南市人民政府	《济南市建设科创金融改革试验区加快现代金融产业发展若干扶持政策》	2023年7月	促进金融科技发展的扶持政策，主要包括落户补助、办公用房补助及建设供应链金融服务平台补助等
大连	大连高新区管理委员会	《大连高新区支持鼓励平台经济发展的若干举措》	2023年8月	金融合作。鼓励金融机构与平台企业合作，支持采用政府引导基金、供应链金融等方式为平台企业提供资金帮助
	大连市商务局、大连市财政局	《大连市2023年农产品供应链体系建设工作方案》	2023年9月	建设改造公益性农产品批发市场；升级改造农产品零售网点；建设改造农产品仓储加工配送设施
沈阳	沈阳市发展和改革委员会	《沈阳市"十四五"现代物流业发展规划》	2022年1月	打造东北地区国际门户型物流战略支点；构建全覆盖物流通道网络；培育物流与产业融合发展新动能；推动重点领域物流加快发展
长春	长春市发展和改革委员会	《长春市物流产业"十四五"发展规划》	2022年6月	整合物流枢纽网络，增强"三强市"集聚辐射；打造专业物流体系，助力"六城联动"发展；聚焦物流供给侧改革，加速"提质增效"进程；引领物流创新发展，打造"高质量"驱动引擎
	吉林省人力资源和社会保障厅	《省人社厅关于保障物流畅通促进产业链供应链稳定工作的通知》	2022年4月	从用工服务保障、职业技能培训等方面出台就业落实举措，保障吉林省物流畅通，促进产业链供应链稳定

6.2　部分城市供应链典型企业简介

在遴选供应链典型企业时，本书依据企业在供应链领域的多项关键指标，包括行业领导力、地域代表性、创新能力、市场认可度、商会和政府的相关报告、行业协会遴选、企业规模与稳定性以及供应链综合服务能力。这些标准确保了入选企业不仅在供应链管理方面有显著的影响力和示范作用，而且能够代表中国供应链发展的当前水平和未来趋势。

本书选取的供应链典型企业以供应链公司或物流公司为主，但华为、中兴、雅戈尔等公司也被纳入其中。这些企业虽然不是单纯的供应链公司，但在其业务领域内，尤其是在供应链管理方面表现出色，具有较强的行业影响力。

6.2.1 深圳

（一）华为技术有限公司

华为技术有限公司（以下简称华为）创立于 1987 年，是全球领先的信息与通信技术（ICT）基础设施和智能终端提供商，专注于 ICT 领域，在电信运营商、企业、终端和云计算等领域构筑了端到端的解决方案优势，为运营商客户、企业客户和消费者提供有竞争力的 ICT 解决方案、产品和服务。

华为于 2015 年启动了供应链数字化转型的 ISC+（Integrated Supply Chain，集成供应链）变革，聚焦于提升客户体验和创造价值，并以 ISC+ 愿景为牵引，打造数字化主动型供应链，力争实现六大转变：一是将华为当前以线下为主的业务模式转变为线下、线上并重；二是将原信息串行传递式的工作方式转变为信息共享的协同并行作业方式；三是将大量手工作业的工作内容转变为系统自动化处理；四是将依赖个人经验和直觉判断的决策模式转变为基于统一的数据仓库和数据模型的数据分析使能的决策支持模式；五是将原来以深圳为中心的"推"式计划分配模式转变为预测驱动的"拉"式资源分配模式；六是将原来的集中管理方式转变为一线自主决策，总部机关提供能力支撑和监管的管理模式。

（二）中兴通讯股份有限公司

中兴通讯股份有限公司（以下简称中兴通讯）是全球领先的综合信息与通信技术解决方案提供商。公司成立于 1985 年，通过为全球 160 多个国家和地区的电信运营商、政企客户和消费者提供创新的技术与产品解决方案，让全世界用户享有语音、数据、多媒体、无线宽带等全方位沟通。

中兴通讯致力于在全球范围内打造有竞争力的供应链体系，包括更好地对接全球供应商许可管理；建立统一的物料主数据系统，实现代码级、拆分级管理；支持多币种、全球寻源、跨境采购，满足 EDI 关务管理要求；实现采购业务流程自动化、智能化，采购业务管理可视化、可度量、可感知、可评价。在此背景下，中兴通讯携手用友共同打造中兴通讯智能供应协同平台，构建数字化生态圈，基于全品类管理与全球供应商管理的两大核心基石，借助云计算、大数据、人工智能等先进技术，实现连接供应商、协同与共享资源，支撑全球采购业务创新发展。该项目通过寻源全程线上化，中兴通讯采购业务管理可视化、可度量、可感知、可评价，实现了供应链系统的全程合规；通过支持多法人交易场景、多地点交付网络，整合优化供应链整体资源，提升了整体供应链的效能，降低整个价值链的总成本。

作为"数字经济筑路者"，中兴通讯坚持科技向善，弥合数字鸿沟，创造出商业之上的价值，实现"让沟通与信任无处不在"的美好愿景。

（三）深圳市怡亚通供应链股份有限公司

深圳市怡亚通供应链股份有限公司（以下简称怡亚通）成立于 1997 年，是以"供应链 + 产业链 + 孵化器"模式，聚焦大消费、新能源、大科技等三大赛道，集供应链平台服务、产业链整合运营、品牌营销、数字化商业、企业投融孵等多维一体的、新时代的整合型数字化综合商社。

怡亚通致力于推动供应链服务创新，成为产业供需之间交易的桥梁，以"供应链 + 产业链 + 孵化器"模式聚焦新能源、大消费、大科技三大赛道，整合基建原材料、粮农林、石油化工、半导体、医疗健康、电子信息、有色金属、工业原材料等产业链中最优价值链环节，建立供应链平台推动产业链资源共享、协同发展，构建高质量发展的创新引擎，打造万亿规模供应链商业生态，赋能各地产业转型升级与创新发展，推动"供应链改变中国"。

（四）深圳越海全球供应链股份有限公司

深圳越海全球供应链股份有限公司（以下简称越海）成立于 2012 年，是一家全球性、智慧型供应链企业。根据全球知名创投研究机构 CB Insights 发布的数据，越海是全球唯一 A 轮融资就达到"独角兽"级别的物流供应链企业。越海首创了"一体化供应链"模式，被深圳市授予创新类奖项，多年来一直引领着中国物流供应链行业的发展方向。2016 年，越海首创的"C2B+DIY"模式，以需求驱动供应链，助力产业向工业 4.0 转型升级，被商务部定义为"流通制造业"模式，成为供给侧结构性改革的典型案例。

越海是前海深港合作区的首家入驻企业，秉承"整合、协同、共享、创新"的理念，拥有 7 个自建基地、80 个仓储运营中心，管理仓储面积超过 100 万平方米。在马来西亚、泰国、菲律宾、越南、俄罗斯等国家建立起全球网络，在剑桥大学建立了智能供应链研究中心，与众多跨国企业建立起战略合作伙伴关系。

（五）深圳市信利康供应链管理有限公司

深圳市信利康供应链管理有限公司（以下简称信利康）成立于 2003 年 11 月，是"供应链＋智慧园"模式的先行者。以年均 28% 的复合增长率快速成长，已发展成为集供应链服务、智慧园运营和小额贷款于一体的电子产业链服务平台，稳居供应链行业第一梯队。

信利康专注电子高科技产业 21 年，拥有 3 万家优质的上下游资源及客户整合能力，广泛分布于电子、通信、光电、智能制造等高新技术行业。创新"供应链＋智慧园"业务模式，以专业一站式供应链解决方案为主、智慧园区建设为长期战略互补，为上下游合作伙伴提供全产业链条、全生命周期的生产经营服务。信利康以供应链客户为基础，依托专业供应链服务，将产供销环节化繁为简，让企业专注研发和运营，提升核心竞争力；通过智慧园区建设，为供应链客户搭建配套齐全、高性价比的生产研发用房，满足企业经营扩张所需。双驱动战略全力服务电子高科技产业集群，打造跨界整合、协同共享、互利共赢的智慧供应链生态圈商业新模式。

信利康以"供应链＋智慧园"的创新业务模式，服务"专精特新"企业，践行"科技兴国、制造强国"战略，在全国建设并运营百亿级电子产业高地，助力中国制造走向中国创造，为中国电子信息产业腾飞做出贡献。

6.2.2 广州

（一）广州市嘉诚国际物流股份有限公司

广州市嘉诚国际物流股份有限公司（以下简称嘉诚国际物流）是一家全球供应链综合物流服务商，成立于 2000 年，为国内外的制造企业和电子商务企业提供卓越的第三方物流解决方案及优质的第三方物流服务。为制造业提供"嵌入式"全球供应链一体化管理下的第三方综合物流服务，为电子商务企业提供个性化的全球物流解决方案及"干、仓、关、配"的全链路物流服务。通过整合物流、信息流、商流、资金流实现"四流合一"，去除物流中间环节，降低物流成本，缩短制造周期，实现"零"库存管理，降本增效。

嘉诚国际物流具备物流业与制造业联动的全程供应链一体化运营模式优势。推行全程供应链一体化管理的物流运营模式，物流服务嵌入制造业企业原材料采购、产品生产、配送、销售及售后服务各个环节，与制造业企业深度联动，通过合理的全程供应链一体化物流方案设计，集成供应链的各个环节，提供"一站式"物流服务，合理规划相关联的原材料仓储，半成品就地加工，并根据配送料件的具体情况运用VMI、MILKRUN、直送、KANBAN、甩挂运输等物流管理技术，最后通过代理销售整合成品分销物流。通过全程供应链一体化管理，帮助制造业客户减少物流环节，降低物流成本，缩短制造周期，实现"零"库存管理。

嘉诚国际物流秉承"追求与客户共同繁荣，为实现富足社会作贡献"的经营理念，引领物流产业向高端化、信息化、集群化、融合化、生态化和国际化方向发展，提升价值链、完善供应链发展路径。

（二）风神物流有限公司

风神物流有限公司（以下简称风神物流）是一家专业化的现代物流服务公司，成立于2002年，目前下设有8家公司，分别为襄阳风神物流有限公司、郑州风神物流有限公司、广州东铁汽车物流有限公司、武汉风神科创物流有限公司、广州飞梭云供应链有限公司（原广州风神快运有限公司）、大连风神物流有限公司、风神物流有限公司上海分公司、风神物流有限公司成都分公司。

风神物流业务服务范围涵盖了汽车物流供应链全过程：汽车零部件调达物流、生产物流、售后备件物流、流通加工、包装器具设计、物流信息技术开发、物流技术设计开发、供应链整体规划咨询设计。有着丰富的汽车物流行业经验，在供应链各环节为客户提供先进的物流服务产品，目前为东风日产、神龙汽车、东风乘用车、郑州日产、东风雷诺等1000余家国内外客户提供一体化的专业物流服务；所运用的物流技术正与国际先进的汽车物流技术接轨，物流技术实力处于国内汽车物流综合技术实力"第一方阵"。

风神物流以"不断超越的汽车供应链服务专家"为发展愿景，以"专业、服务、共创价值"为经营理念，与境内外多家物流公司及科研机构开展技术合作，可实施全球物流作业，技术水平与国际汽车物流标准接轨，具有强大的供应链优化整合能力。

（三）广州华新商贸有限公司

广州华新商贸有限公司（以下简称华新商贸）是从事快速消费品分销及供应链综合服务的商贸流通专业企业，成立于 1990 年，现已发展成为华南地区较大的商贸流通企业。华新商贸服务领域涉及制造业生产厂家、消费品渠道商、大型连锁超市、新零售平台、餐饮服务企业等。商品供应涵盖饮料、食品、日用、酒类、高端进口商品等。网络覆盖珠江三角洲主要区域，辐射华南地区，是该地区最大快消品市场服务商、城市配送供应链综合服务提供商。华新商贸已形成具有核心竞争能力的客户服务体系与上下游供应链一体化协同模式。

华新商贸将以终为始、以行为知，守正笃实，久久为功，以"云、大、物、智、移"为技术支撑，夯实业务基础，在"业务流程化，流程数据化，数据可视化"上不断探究挖潜，推动行业向数字化运营方向转型，助力商贸流通各环节资源共享，打造协同高效、优势互补、国内领先的产业供应链体系。

（四）侨益物流股份有限公司

侨益物流股份有限公司（以下简称侨益股份）是一家专注于大宗农产品供应链物流的第三方综合物流服务商，是农业产业化国家重点龙头企业，成立于 2010 年。服务范围覆盖珠三角、北部湾、长三角和长江沿岸、东北、华北、海外（美国及越南）等地区，公司在农产品物流领域深耕多年，凭借定制化、专家级、管家式的服务理念，构建了紧贴农产品进口、内贸的全链条物流体系，可为客户提供农产品自境外至境内、产区至销区的端到端物流解决方案，并与多家大型国企、跨国公司、上市公司的客户建立了长期稳定的合作关系。为客户提供"专家级 + 管家式"的全程供应链物流服务。

侨益股份提供的第三方综合物流服务，主要围绕货运代理、船舶代理、仓储、运输四个环节展开，包括代理报关报检、单证流转、码头作业、短倒和堆场等的货运代理。同时，该公司可为船舶经营人提供自船舶进港至离港期间的相关代理服务；可提供货物存放服务及装卸、搬运、包装、分拣、贴签等仓储服务；可提供大宗散货及集装箱形式的陆运和内河运输服务，其收入主要来源于进口农产品和内贸农产品两个方面。侨益股份还开展了储备粮业务，储备粮承储收入主要核算相关部门按承储粮食吨数及天数向公司支付的储备利费等。

未来，侨益股份将以丰富和完善物流业务品类和物流服务环节为经营导向，深挖客户需求，升级物流服务和增值服务。通过各项业务协同效应，增强客户黏性，提升专业化、差异化的服务价值，为客户提供全面的物流解决方案。侨益股份将充分利用多年积累的专业经验、综合服务能力、物流网络布局、信息化技术、品牌影响力以及人才储备等优势，充分挖掘进口及内贸农产品综合物流需求，抓住产业升级的机遇，实现业务增长。通过"管家式服务"提升对大客户的服务质量，并通过标准化服务加大对中小客户的触及，进一步加强市场营销能力。最终，建立起一体化农产品物流体系，为客户的供应链提供物流、信息流支持。

（五）中捷通信有限公司

中捷通信有限公司（以下简称中捷通信）成立于2007年，是中国通信服务股份公司下属的供应链服务专业公司，公司承接了广东省电信器材公司的优质资产和优良业务，是立足于信息通信业、面向现代大工业的"商贸—物流—技术—贸易—拍卖"综合供应链服务企业。

中捷通信以供应链全业务形态为基础，整合各业务板块优势及供应链全生命周期管理经验，逐步构建了完善的供应链服务体系。主要涉及的核心业务包括前端招标采购代理、过程物流综合服务、技术检测维修、电商平台、双碳业务以及商贸贸易、终端分销业务和后期资产处置、逆向物流业务等，业务范围广泛，是信息通信业领域为数不多的能提供采购服务、产品分销、进出口服务、国际国内物流服务和技术检测等多项供应链综合服务的企业。面向广大客户，中捷通信以"全供应链服务"的理念，对供应链物资具有"全生命周期管理"的能力。

在未来的发展中，中捷通信将继续践行"更快、更专、更好"的服务理念，利用数字化赋能业务的转型机会，打造成为信息通信业供应链管理专家。

6.2.3 杭州

（一）浙江顺丰速运有限公司

浙江顺丰速运有限公司（以下简称浙江顺丰）成立于1999年，是顺丰控股股份有限公司在浙江设立的第一家子公司，是一家拥有国内和国际快递经营资质的直营制快递企业。浙江顺丰自成立以来，以客户需求出发，利用大数据分析和云计算技术，为客户提供仓储管理、销售预测、大数据分析、结算管理等一体化的综合物流服务。

浙江顺丰拥有通达国内外的庞大物流网络，包括以全货机和散航组成的空运

"天网"，以营业服务网点、中转分拨网点、陆路运输网络、客服呼叫网络、"最后一公里"网络为主组成的"地网"，以及以智能设备、智能服务、智慧包装、机器图像识别、车联网等组成的"信息网"，是一家具有"天网＋地网＋信息网"三网合一、可覆盖国内外业务范围的综合物流服务运营商，拥有强大的综合性网络资源。

浙江顺丰提供数字化供应链行业解决方案。浙江顺丰在打造科技解决方案上力求标准化、数字化、产品化。浙江顺丰的数字化供应链和传统供应链有非常大的区别，传统供应链将消费者作为下游，而浙江顺丰将消费者作为上游，把下游当作一个个需要撬动改革数字化的节点，致力于通过提供独立第三方的大数据和科技行业解决方案，助力企业实现直面消费者（D2C）的数智化经营。浙江顺丰坚定全面打造数字化生态：第一为项目驱动，做强行业标杆，团队会围绕行业标杆客户，帮其实现数字化，不断加强行业积累；第二为产品驱动，做大成长型客户，把从头部标杆学到的能力，抽离出来做成 SAAS、移动端等标准化产品赋能中小企业；第三为技术驱动，形成中小客户生态，通过从原材料到消费者的数据管理、采集、清洗、结构化等，成为真正有场景应用数据驱动的供应链解决方案服务商，让整个产业生态更加数字化。

（二）浙江丰驰网络科技有限公司

浙江丰驰网络科技有限公司（以下简称浙江丰驰）是顺丰集团的全资子公司，是交通运输部首批取得无车承运试点资质的企业之一，成立于 2018 年 1 月，是一家集聚了"现代化智慧物流＋互联网"的公司。浙江丰驰是顺丰集团基于物流信息化而重点孵化发展的全资子公司，2020 年营业规模突破上百亿元。自创办以来，浙江丰驰一直秉承创新、引领、卓越的发展理念，致力于在网络货运领域树立标杆，以引领行业的未来发展。主营业务涵盖了小件快递、大宗货物运输、冷链物流、医药物流等广泛领域，为网络货运领域量身定制了专业的物流解决方案，包括高效的车货匹配体系和智能调度系统。

浙江丰驰致力于提供全国领先的智慧运输解决方案，通过大数据分析、深度学习等技术，不断整合运力资源，实现精准高效匹配，驱动运输变革。此外，浙江丰驰也积极拓展增值服务市场，整合油品、二手车、零配件、金融等链条，打造"公路运输＋增值服务"的闭环商业模式，业务现已覆盖全国 362 个城市，并获得"全国先进物流企业"、公路货运行业金运奖、拱墅区"大树企业"等多项荣誉。

（三）浙江菜鸟供应链管理有限公司

浙江菜鸟供应链管理有限公司（以下简称菜鸟）扎根杭州，成立于2013年，为2023年全国物流50强企业，业务涵盖国际快递、国际供应链等。

菜鸟孵化于阿里巴巴的电子商务生态系统，构建起了一张全球智慧物流网络，通过不断创新，以满足高速增长的复杂电商物流需求。领先的科技能力与深刻的电商理解相结合，让菜鸟在每一个业务领域均为领导者。从成立开始至今，菜鸟坚持长期主义，聚焦产业化、全球化和数智化，坚持把物流产业的运营、场景、设施和互联网技术深度融合，坚持数智创新、开拓增量、普惠服务和开放共赢，在国际物流、国内物流、菜鸟驿站、企业菜鸟App、物流科技、物流资产服务等各大板块形成了服务优势。菜鸟通过"全球10日达""全球5日达"等颠覆性解决方案帮助中小企业开展跨境贸易。菜鸟是中国顶尖的电商综合供应链解决方案提供商，帮助品牌和商家轻松应对全渠道的供应链复杂难题。凭借开创性的逆向物流产品，成为优秀的逆向物流解决方案提供商。

展望未来，菜鸟将继续夯实物流能力，开放物流能力，努力为全球商家和消费者提供时效更快、成本更优、更绿色环保的服务。

（四）中通供应链管理有限公司

中通供应链管理有限公司（以下简称中通快运）成立于2016年，是中通快递旗下的零担物流品牌。中通快运集快递、快运、跨境、商业、云仓、航空、金融、智能、传媒、冷链、"兔喜"等生态版块于一体，凭借强大的生态优势，业务规模连续多年稳居行业第一。中通快运聚焦数智物流新趋势，提供面向企业及个人客户的全链路一站式物流服务。

中通快运坚持"用我们的产品，造就更多人的幸福"的企业使命，以"打造中国物流快运界的航母旗舰"为愿景，密切关注数字技术带来的新机遇、新变革；采用"中心直营＋加盟网点"的扁平化管理模式，通过布局全国的仓储物流枢纽和末端加盟网络，围绕物联网、大数据、云计算、人工智能，积极探寻物流业与制造业、服务业融合发展的模式，致力于打造"科技引领、数据支撑、人才保证、智慧运营"的物流服务平台。

（五）百世物流科技（中国）有限公司

百世物流科技（中国）有限公司（以下简称百世）成立于2008年，是中国和东南亚领先的智慧供应链解决方案和物流服务提供商，拥有全场景集成化的物流服务体系，集全渠道供应链管理、仓储服务、零担及整车快运、末端配送、国际电商物流、供应链信息化服务等业务板块于一体，为客户提供全面的数智化、定制化、一站式的供应链综合解决方案，是国内领先的供应链智慧物流服务提供商。

自成立以来，百世始终致力于科技创新，以信息技术、人工智能和大数据，打造综合的线上线下物流和供应链服务能力，不断创新商业模式，重视自动化、科技化、智能化和绿色化发展，并凭借强大的自主研发能力，有效提升服务水平和运营效率，助力企业降本增效，为客户提供高效优质的供应链和物流服务。百世已建立覆盖全国的物流配送网络，并在美国、泰国、越南、马来西亚等国家开展业务。

百世的愿景是通过技术和商业模式的创新，建立更智能、更高效的供应链，在数字经济时代实现"成就商业，精彩生活"。

6.2.4 武汉

（一）湖北国控供应链集团有限公司

湖北国控供应链集团有限公司（以下简称湖北国控）是厦门国贸集团股份有限公司联手湖北联投集团有限公司、湖北港口集团有限公司、湖北文化旅游集团有限公司以及武汉经开投资有限公司共同投资设立的供应链运营公司，成立于 2022 年 9 月，注册资本为 10 亿元。湖北国控核心主业聚焦供应链管理业务，深耕于能源、冶金、农产、浆纸以及化工等产业领域。2023 年，湖北国控实现 136 亿元营收，进出口规模达 6.8 亿美元。

在能源板块，煤炭业务方面，湖北国控主营动力煤、焦煤和焦炭等产品的进出口及转口、内贸业务，主要为国内外各大电力集团、钢厂、纸厂、焦化厂、石化厂等合作伙伴提供现货、物流、金融等产业综合服务，国内业务主要布局东南沿海、长江沿岸及山西、内蒙古地区，出口业务辐射至韩国、越南、印度等国。石油业务方面，湖北国控未来将积极开拓湖北地区油品业务，为产业伙伴提供包含采购、分销、物流、金融、价格管理、市场研发在内的一站式服务。

在冶金板块，湖北国控主营铁矿、冶金煤、冶金焦等产业链上下游原料及各类钢材品种的内贸与进出口业务，与世界各大主流矿山、国内外多家大中型钢厂建立了长期稳定的合作关系。此外，公司还通过建立自有仓库等方式逐步完善供应链体系，为产业伙伴提供采销、物流、仓储等产业综合服务。

在农产板块，湖北国控主营各类粮油、饲料原料及肉类冰鲜产品，包含稻谷、玉米、高粱、大麦、豆粕、菜粕、苜蓿草、冷冻牛肉和羊肉等，同时还提供农用物资出口服务。

在浆纸板块，湖北国控主营纸浆及各类纸质产品。在化工板块，湖北国控主营乙二醇、精对苯二甲酸（PTA）、短纤等主流品种。

（二）湖北楚象供应链集团有限公司

湖北楚象供应链集团有限公司（以下简称湖北楚象）是厦门象屿集团有限公司旗下上市公司厦门象屿股份有限公司与湖北交通投资集团有限公司、武汉经开投资有限公司、东风物流集团股份有限公司、湖北能源集团股份有限公司、武汉武铁物流发展有限公司、湖北铁路集团有限公司、湖北机场集团有限公司共同搭建的供应链服务平台，成立于2022年9月，注册资本10亿元。湖北楚象重点围绕金属矿产、煤炭、化工、农产品、新能源等领域，利用厦门象屿集团在产业链上下游的市场化整合能力及各股东在铁水公空领域的资源能力，打造稳定、高质量、全方位的一体化供应链服务平台。2023年，湖北楚象累计发运42万吨、150列集装箱，带动了物流营收近1亿元，供应链综合收益超1000万元。

在金属矿产板块，湖北楚象从上游铁矿石和下游钢材成品切入，围绕长江水系进行整合推动，目前已有稳定操作的业务，并积极联动湖北省内鄂城钢铁、金盛兰等钢厂以及华中沿江的主流钢厂，争取相关的合作准入。

在煤炭板块，湖北楚象结合控股股东在进口煤炭、内贸煤炭及西北自有铁路运力保障的优势，深入服务湖北省内电厂、化工厂，顺利完成了湖北省2022年迎峰度冬保供任务。在铁路煤炭方面，与股东湖北能源集团下属电厂联动，已稳定供应鄂州发电有限公司以及襄阳宜城发电有限公司。

在化工板块，湖北楚象结合湖北资源特点和产业布局，围绕磷化工产业链开展化肥、硫黄、油品等相关产品的供应链业务，目前已开展硫黄内贸、化肥出口等业务。

在农产品板块，湖北楚象以"北粮进江"作为重要方向，从玉米产业链着手，与湖北省内的饲料和养殖重点企业建立长效合作关系，同时探讨在沿江的仓储、物流节点布局以及粗加工的可行性。

在新能源板块，湖北楚象借助上游镍钴锂资源优势，拓展新能源中下游产业链条，依托湖北整车厂的集聚优势，在电池、汽车轻量化、光伏等领域进行业务布局。

（三）湖北华纺供应链有限公司

湖北华纺供应链有限公司（以下简称华纺链）是湖北第三家省级供应链服务平台，致力于构建全国领先的纺织服装数字服务平台，成立于 2023 年 3 月，注册资本为 2 亿元。华纺链以"平台 + 供应链服务"作为切入，围绕"原料 + 面料 + 成衣"等业务场景，通过大数据、区块链、人工智能等数字技术，主要为纺织服装产业上下游企业提供交易撮合服务与供应链服务，帮助企业有效降低成本、提升效率、实现业务增长。截至 2023 年 5 月，华纺链已成功上线纺织服装数字化服务平台 2.0版本，推动 8992 家企业或机构上平台，活跃用户超过 1000 家。

在交易撮合服务方面，华纺链为纺织服装产业上下游企业提供在线撮合、集中采购等服务，推动纺织服装全产业链资源信息的有效整合，促进产业集群网络化协作，实现信息实时共享。

在供应链服务方面，华纺链打造智能、协同、柔性的供应链服务体系，为企业提供智慧仓储、供应链金融、质检服务等综合服务，实现信息流、物流、资金流、商流的四流合一，从而提高企业效率和运营质量。

6.2.5　成都

（一）准时达国际供应链管理有限公司

准时达国际供应链管理有限公司（以下简称准时达）成立于 2010 年，是富士康科技集团授权的供应链物流科技管理平台服务公司，积累了多年的供应链管理经验，专注制造业上游从原材料到成品，以及下游从成品到终端消费者的全程端到端供应链整合，通过与客户在供应链领域的深度融合，让供应链真正成为企业的核心竞争力。准时达与全球超过 3000 家 3C 零组件厂商及客户密切合作，服务了超过1000 家知名品牌客户，以卓越的全球供应链管理经验成为业界的佼佼者。

准时达是一家助力制造业供应链数字化转型的典型实践者。作为一家科技型供应链管理服务企业，准时达不断深耕于科技创新和产品服务的迭代升级，在多年的管理实践中，逐步总结出从数据收集到利用数据协助企业管理决策的数据运营能力。通过准时达平台化管理，客户可实现全链条供应链可视，全链路节点的实时监控和风险防范。实现信息可视化一站式的动态管理。让客户对全球供应链的实时现况完全掌控，提升企业的供应链竞争力。在制造供应链行业，准时达是首批探索使用大型语言模型与信息系统进行整合优化的企业。目前其核心产品 JusElsa 已经上线并投入生产使用。这款产品运用了智能大语言模型技术，与准时达 JusLink 平台进行了深度融合。JusElsa 能够以自然语言协助客服人员与客户进行交流，例如查询运输信息、追踪运输状态以及推送异常情况处理方案等。此外，JusElsa 也能够帮助用户解决在跨国协作时出现的多国语言不通的问题，因为 JusElsa 已整合了主要目标国家的语言，帮助用户实现跨国交流。该产品通过整合大语言模型，颠覆了传统的物流作业模式，用户可以通过一个窗口、一键问答、一览所有与机器人对话，精准、急速、低成本地获得所需要的服务。另外 JusAI 智能对话引擎的上线，为客户带来全新极致的服务体验，推开了供应链智能管理新世界的大门。

准时达供应链管理的重点在于能不能用最优的成本，在最正确的时候将物料送到最合适的地方。"要货有货，不要货零库存"，是准时达供应链管理的终极目标。准时达帮客户精简采购流程、优化配销渠道、削减流通环节、降低储配成本、减少资金积压、节省人力资源、缩短物流时效，以精简而更具柔性的供应链管理帮助客户提质增效。

（二）成都蓉欧供应链集团有限公司

成都蓉欧供应链集团有限公司（以下简称蓉欧集团）成立于 1998 年，是成都产业投资集团的全资子公司，隶属产业服务业务板块，系成都产业投资集团支撑"十四五"战略规划发展的八大支柱企业之一，也是成都产业投资集团对外开放合作和布局区域合作项目的重要抓手。

蓉欧集团大力开展综合能源、电子信息、生活快消品等供应链服务，与各地政府合作建设物流设施和产能合作园，致力于成为西部地区具有影响力的供应链服务综合投资运营商。自 2016 年起，蓉欧集团承接了成都国际铁路港项目建设和中欧班列运营重任，成都国际铁路港项目总投资超 30 亿元，开通中欧班列（成都）境外 25 个城市和境内 14 个城市，打通 7 条国际铁路通道和 5 条国际铁海联运通道，班列开行数量连续 3 年（2016—2018 年）位居全国第一位，成功将中欧班列（成都）打造成为成都对外开放的国际名片。随着 2018 年底成都国际铁路班列有限公司交由青白江区人民政府直接管理后，蓉欧集团秉承"开放合作、高效务实、强基提能"的经营理念，积极响应"一带一路"倡议，主动服务西部陆海新通道、成德眉资同城化建设，在大力发展能源、建材、电子信息、酒类母婴快消品供应链业务的同时，相继在成都青白江区、简阳市，四川省德阳市、宜宾市以及中国（广西）自由贸易试验区钦州港片区落地合资公司投资建设物流载体项目。

（三）成都积微物联集团股份有限公司

成都积微物联集团股份有限公司（以下简称积微物联），成立于2013年7月，是由攀钢集团投资打造的大宗商品全产业链服务平台型企业。

积微物联以互联网思维构建双平台双品牌，服务传统制造业转型发展。积微物联以"达海"和"积微"双平台双品牌为核心，以技术驱动构建形成独具特色的产业互联网平台和大宗商品产业链集成服务生态圈，为用户提供钢铁、钒钛、铜铝、化工等大宗商品的智能仓储、高端加工、智慧物流、在线交易、供应链业务、平台技术输出、市场配套等一站式服务和整体解决方案，是成都现代供应链体系建设试点项目、5A级物流企业、中国大宗商品电商百强企业。

作为"链主"企业，积微物联将进一步扩大线下网络化布局，为整个物流供应链提供平台化、标准化服务，带动上下游企业集群发展，打造大宗商品物流生态圈。

（四）四川蜀道物流集团有限公司

四川蜀道物流集团有限公司（以下简称蜀道物流集团）是蜀道投资集团有限责任公司旗下的全资子公司，成立于2021年12月。蜀道物流集团在上海、天津、深圳、海南、香港等地区布局，实现了成渝地区与长三角、京津冀、粤港澳大湾区等地区的联动，业务范围遍及30多个国家和地区。

蜀道物流集团聚焦服务好国家重大战略，以交通物流专业化整合为中心，以市场化、平台化、规模化为方向，坚持做优物流园区投建营、物资商品供应链服务、物流加工制造、供应链管理等业务板块。蜀道物流集团坚持物流基础设施建设和产业链一体化运营两条发展主线，着力构建现代物流网、全球贸易网、产业互联网三大网络，持续深耕物流园区、集采集供、物资商品供应链服务、现代物流运输、供应链管理五大业务领域，着力打造成为西部领先、全国知名、具有交通特色的智慧物流服务商，现已成为四川省内规模最大的交通基础设施大宗物资集采集供服务商，建成蜀道投资集团旗下首个物流园区——渠县公路智慧物流港。

蜀道物流集团将全面贯彻落实创新、协调、绿色、开放、共享的发展理念，力争到"十四五"末，实现资产总额超过600亿元，年营收超过1000亿元，利润总额达 50 亿元，培育一至两家上市公司，完成向产业链上下游相互赋能的数字化、平台化企业转型，努力建设成为西部领军、全国领先的现代交通物流综合服务龙头企业。

6.2.6　宁波

（一）宁波梅山国际冷链有限公司

宁波梅山国际冷链有限公司（以下简称宁波梅山）是宁波农商发展集团有限公司控股的子公司，成立于 2021 年，注册资本为 16 亿元，是国有控股冷链物流投资商、港口型冷链物流运营商和国际冷链物流综合服务商，主营供应链服务管理和冷链物流基地投资开发业务。宁波梅山肩负着壮大发展宁波冷链物流产业的使命，统筹负责宁波梅山国际冷链供应链平台项目开发。该项目已成功纳入 2022 年国家骨干冷链物流基地建设名单、2022 国家综合货运枢纽补链强链项目清单和宁波市建设世界一流强港十大标志性成果。

宁波梅山配备有 13 座现代化多温层仓库和 2 座加工库，可实现 -55 ～ 20℃全温区覆盖。融物流、仓储、加工、国际贸易、电商等多功能于一体，为客户提供冷冻冷藏、保税查验、加工配送、商品展示交易、供应链金融等一站式服务。项目整体建成投运后，冷库库容量达到 50 万立方米，进口冷链贸易量 80 万吨、交易额 150 亿元。

中国（梅山）国际冷链供应链项目结合宁波舟山港区位优势，全力打造华东地区规模最大、现代化程度最高的冷链物流枢纽港，该项目将打造成为"一中心三基地"，即国家冷链优质肉类蛋白资源配置中心和宁波国家骨干冷链物流基地、国家应急冷链仓储分拨基地、国际冷链商贸产业基地。通过未来的服务，宁波梅山期盼"供应链"成为"共赢链"，与客户共赢，与产业共赢，更与时代共赢。

（二）宁波豪雅进出口集团有限公司

宁波豪雅进出口集团有限公司（以下简称豪雅集团）成立于 1998 年，是一家以创新科技为驱动的新零售企业。经过 20 余年的拼搏，豪雅集团已在义乌、汕头、深圳、武汉和西安等地设立办事处，在美国、德国、英国、法国、意大利和波兰等 10 个国家设立了分公司，并建立了 22 个海外仓储和营销中心，自营海外仓面积达 60 万平方米，拥有员工 1600 多人，其中海外员工近 400 人。豪雅集团先后被评为宁波市跨境电商标杆企业、浙江省优秀海外仓企业和商务部全国优秀海外仓实践案例，并当选为宁波市跨境电子商务协会常务副会长单位、中国（宁波）跨境电商出海联盟理事长单位、浙江省电子商务促进会副会长单位。豪雅集团现已成为长三角地区跨境出口电商的领军企业。

豪雅集团致力于打造智慧供应链，依托自主培养的专业 IT 团队，研发 ERP、WMS、CRM 等信息化管理系统，将各订单快速分配到海外仓储物流中心，并与众多国际知名快件物流公司达成战略合作，不断优化配送服务。随着企业不断发展，豪雅集团逐步打通产品设计、生产、出运、报关、仓储、销售、配送和售后等各个环节，实施"产品流、物流、单证流、资金流和信息流"五流合一的高效管理模式，实现了整体供应链可视化、管理信息化、仓储物流智能化，极大程度地做到降低成本、提高效率和提升用户体验，这些先进且全面的 IT 系统也让豪雅集团可以满足不同消费者的个性化需求，给予客户差异化的体验，增强消费者对"豪雅"品牌的偏好，达到在市场竞争中占据有利地位的目的。豪雅集团从三个层次对智慧供应链进行管理：第一是产品供应链，通过产品严选保证产品质量；第二是物流供应链，巩固自建经营的海外仓优势和做好最后一公里服务；第三是市场生态链，适应互联网消费突破时空的限制，实现无界化销售。

豪雅集团秉承"致力于成为值得信赖的智慧供应链企业"的企业愿景和"客户至上、创新包容、团结协作、持续发展"的价值理念，为中国制造企业提供优质专属资源和"一站式"的服务支持，"孵化"更多的企业和产品拓展海外市场、打造全球品牌，助力中国制造全球推广。

（三）贯华供应链管理有限公司

贯华供应链管理有限公司（以下简称贯华）落地宁波梅山，背靠港口枢纽，将"一带一路"沿线地区、中东欧等地的优质饲料原料（如 DDGS、小麦、大麦、玉米、高粱、葵花籽粕、乳清粉等）进行保税加工，采用先进工艺和配方，以饲料中央厨房模式为经营理念，加工成品和半成品饲料，服务于国内养殖业，为国人的餐桌供应保驾护航。历经多年发展，贯华聚焦现代农业，并不断向上下游产业延伸发展，现已逐步建成集贸易采购、仓储物流、加工制造及销售为一体的业务生态，初步建立起覆盖长江中下游、东南沿海、东南亚地区的服务网络。

近年来，贯华加强海外采购渠道和国际物流掌控体系，结合北仑梅山集装箱码头和宁波舟山港的优势，在国内销售饲料端，贯华与新希望六和股份有限公司、正大集团、广东海大集团、北京大北农科技集团股份有限公司、牧原食品股份有限公司、福建傲农生物科技集团股份有限公司等国内农业龙头企业均建立了长期的、友好的战略合作关系，利用保税区内优势，直接从国外进口优质饲料原料，根据客户的需求研发了贯华1号、贯华2号、贯华3号等十余种优质、安全的填鹅配合饲料、畜禽浓缩饲料、猪用配合饲料产品。在研发上，贯华专注于精准营养配方设计，关注饲料卫生管理，不断加大研发投入，实施技术创新，使企业焕发出新的竞争活力，并有效带动养殖企业和农户提高质量，逐步形成饲料行业的中央加工厨房的跨境供应款创新模式。

未来，贯华将继续保持在农业跨境供应链领域的发展优势，谋划布局海外业务，逐步在中东欧、东南亚、南美等地建立海外仓，积极探索国际化经营模式，继续提升以宁波梅山基地为核心的跨境供应链管理能力，持续完善运营服务体系，努力践行农业龙头企业的社会责任，发挥引领产业发展的示范作用。不断探索新型农业产业化、特色化、设施化、集约化、高效化发展的新模式，遵从"质量第一，用户至上"的服务宗旨，为保障城市农业供应链高效、顺畅发展，保障市民美好生活贡献力量。

（四）雅戈尔集团

雅戈尔集团创建于1979年，总部位于东海之滨的浙江省宁波市，是全国纺织服装行业龙头企业。经过45年的发展，雅戈尔已形成以时尚产业为核心，多元并进、专业化发展的综合性国际化企业集团，下设时尚、房地产、投资、国贸、旅游五大产业。

雅戈尔集团以中台战略推动供应链变革。一是财务共享中心持续分阶段建设。雅戈尔从2017年开始持续建设财务共享中心，通过财务共享中心实现集团财务共享、集中财务管理、实时财务分析等功能，实现集团财务工作的共享和标准化，在原有管理的基础上进一步提升了财务管理水平。二是业务中台的建设。雅戈尔于2018年起构建了业务中台系统，在构建统一、标准的业务服务的基础上，实现了全国库存共享、订单智能派送、统一价格管控、集中收支结算等功能，利用业务中台，构建了订单中心、库存中心、会员中心、政策中心等多中心的建设，很好地实现了业务数字化的建设工作。三是数据中台的建设。数据中台作为推动公司数字化转型的重要平台，经过前期数据治理、经营指标梳理、数据平台建设、数据可视化、数据智能应用等数据工作的开展，利用大数据、算法、AI等技术，初步实现了公司海量数据存储、大数据实时监控、智能决策等业务的开展，下一步将从人货场、产业链等角度进一步推动公司的数字化转型。

未来，雅戈尔集团将践行"让人人变得更美好"的企业使命，传承"诚信、务实、责任、奉献、正直、有为、勤俭、和谐"的价值观，力争通过30年的努力将雅戈尔建设成为世界级时尚集团。

6.2.7　厦门

（一）厦门建发股份有限公司

厦门建发股份有限公司（以下简称建发股份）是"《财富》世界500强"厦门建发集团有限公司旗下的核心成员企业，是以供应链运营和房地产开发为双主业的现代服务型企业。作为供应链运营商，建发股份提供以物流、信息、金融、商务四类要素为基础的"LIFT供应链服务"，规划供应链运营解决方案，提供专业化、一站式运营服务，通过深入产业链上下游，挖掘专业化供应链服务价值。建发股份于1998年6月在上交所挂牌上市，连续多年高速发展，营业收入、净利润、净资产等主要财务指标以年均近30%的速度增长。2023年实现营业收入7636.78亿元人民币，税后净利润为168.50亿元人民币。

建发股份打造可定制、强复制性的"LIFT供应链服务"体系，与多个国家的优质供应商深度合作，实现从上游资源端到中游的采购分销，依托分销网点整合下游客户形成规模，集中采购再分销，降低采购成本和交易成本，提供定制化信用交易方案等供应链综合服务。同时开拓国内国际市场，在全国核心城市成立14家平台公司，与超过170个国家和地区建立了业务关系，设立了超过30个海外公司和办事处，构建全球化供应链服务体系。

建发股份将坚持专业化和"走出去"，融入并服务国内国际双循环战略，聚焦钢铁、浆纸、汽车、农产品以及消费品、有色金属矿产、能源化工、机电等行业，助力产业供应链畅通循环。

（二）厦门象屿集团有限公司

厦门象屿集团有限公司（以下简称厦门象屿）是厦门市属国有企业，成立于1995年11月28日。旗下拥有投资企业500余家，2023年实现营业收入4904.98亿元。厦门象屿是国内领先的一体化供应链服务企业，依托综合平台提供全产业链服务。

在物流体系方面，厦门象屿是全国通用仓储百强企业、国家 5A 级物流企业，培育了三大物流运营主体（象屿速传、象道物流、象屿农产），在业内率先构建以"公、铁、水、仓"为核心，连接海内外市场的网络化物流服务体系。

厦门象屿深耕核心经营品类，在不锈钢（不锈钢钢材市场占有率 19.3%）、农产品（玉米市场占有率 4.7%）、新能源（碳酸锂市场占有率 4.4%）、铝（氧化铝市场占有率 10.3%）等供应链业务部分细分品类已形成规模优势，并将其成熟模式横向复制到新产业链（铝、新能源等）中。同时持续优化客户结构，提升制造业企业数量和服务量占比，形成"供应链服务 + 生产制造"的产业链运营模式，提高综合收益水平。坚持全面向"供应链服务商"的长期战略转型，提高以服务收益为核心的全链条综合服务模式业务占比，建立原材料采购、产成品分销、库存管理、仓储物流、供应链金融等一揽子服务，沿产业链向上下游延伸，建立特色的"全产业链服务模式"。

未来，厦门象屿将借鉴国际大宗供应链巨头在上下游延伸、业务模式复制推广方面的经验，力争成为大宗供应链行业龙头、世界一流的供应链服务企业。

（三）厦门国贸集团股份有限公司

厦门国贸集团股份有限公司（以下简称国贸股份）是国有控股上市公司，始创于 1980 年，1996 年在上海证券交易所上市，是"《财富》世界 500 强"厦门国贸控股集团的核心成员企业，也是全国供应链创新与应用示范企业、5A 级供应链服务企业。国贸股份是国内领先的供应链管理企业，划分出了"7+2"业务子品牌，包括冶金、浆纸、农产、纺织、能化、有色、橡胶等 7 条成型的产业链及以"物流"和"数科"为代表的通用解决方案。

国贸股份推动供应链一体化项目，以"采购服务、分销服务、价格管理、物流服务、金融服务、市场研发、数智运营、产业升级"等八种服务为基础，横向集成、定制服务，纵向融合、赋能伙伴，与上下游企业合作联营，从全产业链运营的视角提供一体化供应链服务方案，为上下游客户提供"ITG Solutions"产业综合服务解决方案。国贸股份数字化"软件"与物流"硬件"兼备，立足供应链场景，自主构建智慧供应链综合服务平台——国贸云链，连接供应商系统、客户系统和仓库系统，助力企业经营质效提升；具备海陆空一体化物流网络体系，拥有合作管理仓库超 3000 个，自管仓库面积近 300 万平方米，构建数家区域性分拨中心，自有大型远洋船舶 6 艘、管理船舶 1 艘，可提供临港物流、供应链物流、国际航运等优质的物流服务解决方案。

国贸股份聚焦供应链管理核心主业，积极拓展健康科技新兴业务。秉承"链通产业共创价值"的使命和"一流引领、真实担当、奋斗为本、共创共享"的核心价值观，国贸股份致力于成为值得信赖的全球化产业伙伴，紧紧围绕国家战略规划，积极响应"一带一路"倡议，融入"双循环"新发展格局，服务"双碳"目标，保障产业链供应链的安全稳定、敏捷高效、绿色智能，为产业伙伴创造广泛的链接机会，与上下游协同发展。

6.2.8　青岛

（一）日日顺供应链科技股份有限公司

日日顺供应链科技股份有限公司（以下简称日日顺供应链）于 2000 年在山东青岛成立，经历从企业物流到供应链企业、生态平台三个发展阶段。公司致力于成为"中国领先的供应链管理解决方案及场景物流服务提供商"，已从居家大件物流领导品牌成长为物联网供应链场景生态品牌。2023 年，日日顺供应链入选"亚洲品牌 500 强"榜单，成为首个且唯一入选的供应链场景生态品牌。同期，日日顺供应链以 520.86 亿元的品牌价值连续 11 年入选"最具价值中国品牌 100 强"榜单，居第 18 位。

日日顺供应链重视科技能力，集聚了智能装备、智能制造、智能集成等行业一流生态资源，与多个知名高校及技术领先企业共同攻坚物流及供应链关键核心技术，承担了智慧物流领域科技部首个国家级重点研发计划"智慧物流管理与智能服务关键技术"项目；运行国内首个大件物流智能无人仓——日日顺物流（即墨）产业园，采用多项黑科技，极大地提升仓储作业效率。日日顺供应链重视定制供应链方案，为健身、出行、居家服务等行业的诸多企业客户输出了全流程的解决方案，为客户定制并输出贴近行业发展的解决方案，并以连接终端用户、提升用户体验来帮助客户打通行业上下游，推动企业客户实现从工厂端到消费端的全链路供应链升级。

日日顺供应链将继续以数字化运营为支撑，构建覆盖生产、运输等多环节高效协同、敏捷柔性的供应链管理体系，在不断提升自身供应链管理服务能力的同时，也将以强大的生命力为行业向数字化迈进发挥引领示范作用，助力推进我国数字经济建设。

（二）中创物流股份有限公司

中创物流股份有限公司（以下简称中创物流）前身为 2006 年 11 月设立的青岛中创投资发展有限公司，主营综合性现代物流业务，2018 年上市，是最早获得国家经营许可证的国际船舶代理、一级货运代理和进出口无船承运业务的企业之一。中创物流主要为进出口贸易参与主体提供基于国内沿海港口集装箱及干散货等多种货物贸易的一站式跨境综合物流服务。2023 年入选"中国物流企业 50 强""中国民营物流企业 50 强"，实现营业收入 73.99 亿元。

（1）模式创新，推动供应链及产业链升级。中创物流与大连港、董家口港、可门港成立合资公司，与巴西淡水河谷公司共同探索开启了保税混矿业务的全新合作，"将矿山前移至港口，将港口前移至钢厂"的创新模式以及"打造矿石超市"的全新铁矿石供应链战略，大大降低了进口成本，为大宗散货客户提供了高附加值的综合服务。（2）技术创新，助力传统业务升级再造。中创物流通过自主研发的物流业务综合管理平台，实现了货运代理、场站、船舶代理、沿海运输和项目大件物流五大业务板块的网络化、透明化管理，多次开创信息化与数智化研发应用的先河，推进场站智能无人闸口、三维测绘无人机、自助缴费终端、自动探路系统、AGV 智能无人仓等技术装备的应用，自主研发了 IPA 操作智能化系统，推动传统物流向科技物流转变。（3）探寻新契机，谋求新发展。公司积极调整战略重点，顺应"内循环为主体、内外循环相互促进"的发展战略，将智能冷链物流、工程物流、印尼项目以及网络货运平台四项业务作为新一轮增长的核心突破点。成立中创智慧冷链有限公司作为公司冷链业务的功能总部，积极推进冷链业务的发展；成立中创工程物流有限公司业务的功能总部，以此为中心辐射江浙闽及长江流域，进行车、船、码头、市场一体化布局和发展；与新加坡的金属矿业公司建立战略合作伙伴关系，与外方在大宗商品的海上过驳业务、矿山短倒物流业务、散货船队运营业务等方面进行深度合作；将现有货运业务与自主研发的网络货运平台系统深度融合，成立行果智运物流科技有限公司，以服务公司内部货运业务为基础，逐步整合社会货源及运力资源，并由集装箱运输向散货运输等方向拓展延伸，系统推进、打造行业领先的网络货运平台。

中创物流将坚持"科技成就物流业未来"的发展理念，矢志不渝地推进企业信息化建设，以此驱动各业务板块协同深入发展，从更广阔的市场区域和更高附加值的综合业务中寻求新的增长点，从更长远的企业价值谋求健康可持续发展。中创物流将抓住发展机遇，建设成为完全基于信息化管理的、多功能的、多网络的、联动互动的、以人为本的综合物流企业，利用公司多年积累的基础、经验、人才及平台，把公司打造成中国物流业内管理规范、充满和谐与活力、富有创新能力、业务规模较大、影响力广泛、有良好盈利能力且受人尊重的一面旗帜，以实现公司长期、健康、可持续发展。

（三）海程邦达供应链管理股份有限公司

海程邦达供应链管理股份有限公司（以下简称海程邦达）成立于 2009 年，专注于供应链物流领域，通过打造优秀的国际化物流平台，为客户提供端到端一站式智慧型供应链物流服务。作为一家专业的综合性现代物流企业，海程邦达主要以各类进出口贸易客户为服务对象，为其规划、设计并提供专精于跨境环节的标准化物流服务产品与定制化供应链解决方案。自设立以来，海程邦达即致力于为客户提供综合跨境物流服务，形成了"基础分段式物流"、"一站式合同物流"、"精益供应链物流"以及"供应链贸易"四大核心业务板块。

海程邦达不仅为客户提供海运、陆运、空运、铁运、通关、仓储等物流业务，通过平台化、规模化服务，降低供应链物流成本，提升效率；也为电子、半导体、大件及项目运输、汽车、跨境电商、生鲜食品、时尚消费品等行业客户提供货物运输、关务管理、仓储分拨等物流服务，通过个性化专业化的供应链物流解决方案，赋能客户供应链，助力中国企业走向世界。

海程邦达已形成清晰的业务发展战略：一方面，依托规模化经营、标准化服务，持续推进物流网点的布局与客户渠道的覆盖，构建了全国性的物流营运网络，以此实现业务的"横向扩张"；另一方面，从传统的基础分段式物流服务起步，在经营过程中延伸物流服务链条，逐渐将业务扩展到难度较大、附加价值较高的"合同物流"和"供应链管理"领域中去，实现业务的"纵向延伸"。

海程邦达将秉持"科技驱动供应链创造更大价值"的企业目标使命以及"做中国领先的供应链物流服务商"的核心发展愿景，进一步巩固和发挥公司在客户资源、网络布局、专业服务与技术创新等方面业已形成的优势积累，凭借多层次、多维度的综合性业务体系，持续发挥"横向扩张"与"纵向延伸"相结合的"双轮驱动式"

业务发展模式，力争通过不断的价值创造、持续创新，成为我国经济新常态下物流产业"提质增效"浪潮的领航者。

6.2.9　南京

（一）江苏苏宁物流有限公司

江苏苏宁物流有限公司（以下简称苏宁物流）是苏宁易购集团旗下的企业，是国内领先的供应链服务企业。企业从 1990 年发展至今，以技术与数据为核心驱动力，为全领域合作伙伴，提供高效率、高品质的全场景物流基础设施服务，共同致力于提升社会经济运营效率，降低社会物流成本。苏宁物流以覆盖全国的基础设施及强大的信息技术实力，建立起引领行业的供应链、大件物流、快递等业务板块，携手家电、家居、3C、快速消费品等领域的众多合作伙伴，以仓、运、配的定制化解决方案，致力于物流全链路的降本增效和服务升级。

苏宁物流自建物流体系提升产品服务和品质，聚焦供应链全链路，在 48 个城市投入运营 67 个物流基地，形成"产地仓 + 区域中心仓群 + 前行仓群 + 前置仓群"的四级仓网布局，服务范围覆盖全国 98% 以上区域，以丰富的个性化时效产品以及送货上门、送装一体等特色服务，提供多样化的便捷体验。苏宁物流将渠道下沉到县镇、社区，以社区物流、乡镇物流、"生活帮"为核心，建立"末端全触达"解决方案，通过社区"苏宁秒达"服务、苏宁小店"生活帮"等，形成各类商业形态和家庭生活一站式服务,提供全场景服务。苏宁物流通过数字技术应用加速"智变"，通过全流程 loT、智能算法、图像识别、智能语音等技术应用，逐步实现快递在分拨、运输、网点运营系统等方面的数字化转型，在结算、风控、监控等维度全面推广数字化应用，建立立体化的物流网络和智慧零售线下生态网点优势互补，助推国内物流服务行业良性发展。

苏宁物流通过构建高效、智能、绿色的供应链体系，不仅实现了自身的转型升级，也为整个零售行业的发展提供了新的思路和方向。在未来，苏宁物流将继续推动其在智慧零售领域的探索和实践，引领行业的变革与发展，打造成为中国最具效率的供应链设施服务商和最具创新力的科技物流企业。

（二）江苏汇鸿国际集团股份有限公司

江苏汇鸿国际集团股份有限公司（以下简称汇鸿集团）成立于 1996 年，是江苏省属大型企业江苏省苏豪控股集团有限公司的重要子公司。汇鸿集团以纺织服装、食品生鲜、绿色循环、大宗业务为重点领域，打造基于产业链生态的供应链集成运营体系，深度服务实体经济、民生保供、乡村振兴和消费升级，业务范围涉及全球160多个国家和地区。其中，在绿色板材、废纸回收、纸浆等业务领域处于全国领先水平。2015年，汇鸿集团在上海证券交易所整体上市。2021年，汇鸿集团被商务部等八部委评定为首批全国供应链创新与应用示范企业。2023年汇鸿集团完成营业收入480亿元，同比上涨0.51%。

汇鸿集团成立了汇鸿供应链研究院，整合汇鸿集团内外资源，搭建专家平台网络，建设供应链战略智库，为集团相关战略的决策和全国供应链创新试点工作提供智力支撑。汇鸿集团协同其他单位共同发起，成立了全国第一家省级供应链行业协会——江苏省现代供应链协会，有效加大了行业的组织协同；汇鸿集团精准定位、靶向施策，根据不同产业的痛点难点，有针对性地采取"一板块一方案，一板块一目标"的运营策略，六大板块运营各具特色、质效提升，在行业内的地位和影响力不断增强。汇鸿集团大力推进信息化、数字化建设，以供应链"云平台"为支撑，为试点工作提供顶层设计和科技赋能，该项目成功入选国务院国资委发布的国有企业数字化转型典型案例。

未来，汇鸿集团围绕建设全国供应链运营领先企业的战略目标，不断加快转型升级、创新发展步伐，全力打造"供应链运营""以融促产的金融投资"两大业务板块，推进重点供应链建设，加强产业链延伸，促进资源有效整合，提升经营质量效益。

（三）南京医药股份有限公司

南京医药股份有限公司（以下简称南京医药）成立于1951年，1996年在上海证券交易所上市，是中国医药流通行业较早上市的公司，主营业务包括医药批发、医药零售、医药"互联网+"以及医药第三方物流服务，是医药流通行业区域性龙头企业。南京医药有90余家分支企业，市场网络覆盖江苏、安徽、湖北、福建等地及西南地区的昆明市，业务覆盖近70个城市，在区域市场积累了丰富的医药商业运作经验、资源和品牌知名度。南京医药年营业收入超500亿元，总资产超330亿元，在国内医药流通行业中规模排名第六位，居2023年"《财富》中国上市公司500强"第257位。2023年，南京医药实现的营业收入约为535.9亿元，同比增长

6.71%。南京医药曾荣获"全国医药流通创新示范企业"称号，是第一批全国供应链创新与应用示范企业，是南京市新医药与生命健康产业链链主企业之一，也是南京市流通领域医药现代供应链体系建设项目示范企业。

南京医药优化供应链流通模式，通过集成化供应链，对医院需要的药品实施订单提前集成，库存周转天数大幅降低，提高了供应链流通效率，供应链增值收益由厂商、流通企业、医院、患者等供应链利益相关者共同分享。南京医药培育各具特色的药事服务模式，在江苏地区通过搭建供应链协同管理系统（SCM）和药库物流管理系统（WMS），改进中心药库管理流程，建立药品质量管理体系，规范了物流操作程序；在安徽地区探索实践"医药分开"，积极行动打造药品供应保障体系，开展药品集中配送合作，降低医院库存、药品损耗，提升了医院订单响应速度和药房处方处理效率，提升流通效率；在福建地区延伸医药物流，探索院企合作模式，深入开展药事服务。

进入新发展阶段，南京医药将坚持价值发现、批零协同、药械相长、适度延伸、数字赋能的发展思路，努力成为大健康产业领先、可信赖的健康产品和服务提供商。

6.2.10 西安

（一）陕西光电子先导院科技有限公司

陕西光电子先导院科技有限公司（以下简称光电子先导院）成立于 2015 年，深度聚焦光子领域，以强大的科研创新和最佳业务实践，将光子技术提升至新高度。光电子先导院专注于化合物半导体领域，打造了"公共平台 + 技术服务"的创新运营模式，拥有先进的化合物半导体关键设备 100 余台（套）以及百级到万级超洁净间 8000 ㎡，具备砷化镓等材料的外延、光刻、刻蚀、薄膜制备等关键工艺能力；"1+N"服务模式围绕光子器件主工艺平台，延伸共建多条特色器件工艺平台，扩展了面向光子产业各类创新主体的工艺技术服务能力。

作为陕西省光子产业链链主企业，光电子先导院以"畅链"和"延链"进行带动，已培育和聚集了近百家光子产业企业。

光电子先导院以加速客户产品创新、助力光子产业发展为使命，加速打造光子领域创新生态系统。未来，光电子先导院将积极打造区域光子技术领先创新高地，助推千亿级光子产业集群形成。

（二）陕西重型汽车有限公司

陕西重型汽车有限公司（以下简称陕重汽）成立于 2002 年，总部位于陕西西安。陕重汽是我国大型商用车制造行业知名企业、首批整车和零部件出口基地企业，打造了"新能源 + 智能网联"全系列商用车开发平台，以"双优"产品品质诠释了"中国智造"的硬核实力。现有员工 1.51 万人，资产总额为 690.78 亿元，产品覆盖重型军用越野车、重型卡车、重型车桥及汽车后市场等领域。

陕重汽着力打造重卡产业互联网平台，在供应链组织架构设计、供应链体系布局、产业信息化建设等方面开展了一系列卓有成效的工作。2021 年 8 月，具有陕重汽特色的供应链数字服务平台成功上线，实现对上游供应商多级管理，保障供应链体系安全。同时向上游供应商提供供应链融资、保理业务、小微贷款等综合服务。

陕重汽作为中国首批整车及零部件出口企业，一直积极响应国家"一带一路"建设倡议，在阿尔及利亚、肯尼亚、尼日利亚等 15 个"一带一路"沿线国家建成了本地化工厂。陕重汽将与产业链、价值链成员一同构建共生共赢的全新商用车产业生态圈，向着国际一流的全系列商用车企业目标阔步前行。

6.2.11　济南

（一）佳怡供应链企业集团

佳怡供应链企业集团（以下简称佳怡）于 1999 年在济南创立，是一家专注于现代物流与供应链服务的知名综合性企业，是国家 5A 级物流企业、全国物流行业先进集体、中国物流百强企业、国家级示范物流园区、交通运输部发布的甩挂运输试点、中国绿色仓库、济南市"5G+ 工业互联网"应用试点。

佳怡供应链管理服务模式及 e 享系统连接了供应链核心企业的上下游，以数字化、平台化、智能化为引领，以产业融合、分工协作、集成创新为路径，以核心制造业培育和平台搭建为抓手，有效推动供应链创新与应用，促进产业组织方式、商业模式和政府治理方式创新，推进供给侧结构性改革，构建现代化经济体系，有效提升供应链的协同性、敏捷性、稳定性和集约性。

佳怡通过多年的创新转型，积累了成熟的发展经验，可为目前业务范围局限于物流领域或以单一物流服务为主营业务的企业提供供应链转型升级的发展思路。

（二）齐鲁制药集团有限公司

济南生物医药产业的链主企业齐鲁制药集团有限公司（以下简称齐鲁制药），是中国大型综合性现代制药企业，专业从事治疗肿瘤、心脑血管、抗感染、精神系统、神经系统、眼科疾病的制剂及其原料药的研制生产与销售。

"双链主"企业齐鲁制药不断发挥龙头带动作用，带头构建共赢生态圈，实现上下游产业协同、高质量发展。在着力构建生物医药全产业链、全周期生态体系上，齐鲁制药优先采购省内企业的产品和服务，实施本地化采购战略。2022 年，齐鲁制药在山东省内采购金额达到 52.66 亿元，涉及大宗发酵原料、化工原辅料、药用包材等 10 余类产品，联动省内供应商 1000 余家。齐鲁制药大力实施"以创为主、仿创结合"的研发战略，形成以集团为战略决策核心，以创新药物研究院、生物技术开发研究院、药物研究院为创新管理和开发主体，以中美五大研发中心为源头，以各子公司为产业化主体，涵盖化学药物和生物技术药物的早期发现、开发与产业化的完整创新开发体系。

齐鲁制药以维护人类健康为宗旨，以满足社会需求为己任，以先进的科学技术为依托，致力于研制开发治疗常见病、多发病及其他多种严重危害人类健康疾病的药物。未来，齐鲁制药将持续向医药产业价值链最高端迈进，立志成为有全球影响力的世界级制药企业，在"为人类健康保驾护航"中发挥更大作用。

（三）济南圣泉集团股份有限公司

济南先进材料产业的链主企业济南圣泉集团股份有限公司（以下简称圣泉集团）成立于 1979 年，其产业覆盖生物质精炼、高性能树脂及复合材料、铸造材料、健康医药、新能源等领域，产品市场覆盖全国并远销 50 多个国家和地区。

圣泉集团建立了"1+X"科技成果转化模式，即采用"1 套核心技术 + 若干个规模化示范工厂"进行技术和产业化复制，构建千亿元企业框架。圣泉集团树立"化学新材料"和"生物质新材料及新能源"双核主导发展方向，深入践行"科技创新 + 产业重塑 + 资本助力"三元驱动高质量发展理论，重点打造新的产业增长极，化学新材料坚持"绿色化、功能化、高端化、精细化"四化发展，产业提质升级。生物质产业通过围绕"1 个生物质精炼一体化核心技术 +X 个规模化复制工厂"，践行与煤化工、石油化工并驾齐驱的伟大梦想。近年来，电子化学品的发展也逐渐成为圣泉集团新的发展亮点和重要增长极，重点解决半导体原材料等"卡脖子"技术，保障产业链安全稳定供应，努力打造成为国内最为完整的半导体材料平台公司，并在此基础上完善电工、电池等电化学产业体系。

未来，圣泉集团将坚持以产业报国为己任，进一步加大在生物质、高端电子化学品、新能源、生物医药、复合材料等领域的技术研发投入，持续完善电化学产品体系，协同配合产业链上下游打造最佳电子化学品平台型企业，努力成为全球领先的生物质和化学新材料解决方案提供商，实现"立百年圣泉，为人类造福"的企业愿景。

（四）浪潮集团有限公司

济南新一代信息技术产业的链主企业浪潮集团有限公司（以下简称浪潮集团），是中国领先的云计算、大数据服务商，拥有浪潮信息、浪潮软件、浪潮数字企业三家上市公司。主要业务涉及计算装备、软件、云计算服务、新一代通信、大数据及若干应用场景，已为全球 120 多个国家和地区提供产品和服务。

浪潮集团作为项目建设运营主体、数字经济领域龙头企业，是济南数字经济发展的重要合伙人。浪潮集团作为山东新一代信息技术产业链的"链主"企业之一，充分发挥龙头引领作用，通过控股、参股、成立合资公司等方式，与 30 多家上下游重点配套企业建立紧密股权关系，打造关键环节的"配套专家"，推动产业链上下游、大中小企业融通创新，促进产业链供应链贯通发展。浪潮集团作为国内领先的服务器生产商，近年来，凭借集团在服务器智能制造领域的经验积淀，依托人工智能、大数据、物联网等专业技术优势，完善云计算和大数据基础设施配置机制，建设智能制造云和供应链协作云，搭建面向智能制造的供应链协作平台，提供智能制造、供应链协同、供应链金融三大服务，探索形成一套可推广复制的"平台＋生态"模式和"云＋数＋AI"新型互联网企业发展经验，推动浪潮先进制造业高质量发展。

作为中国较早的信息技术品牌之一，浪潮集团致力于成为世界一流的新一代信息技术龙头企业，经济社会数字化转型的优秀服务商，新型基础设施建设的骨干企业。

6.2.12 大连

（一）洺源科技（大连）有限公司

洺源科技（大连）有限公司（以下简称洺源科技）成立于 2016 年，是致力于氢能与燃料电池行业发展，专注氢燃料电池动力系统研发、制造、销售，燃料电池车辆运营以及提供优质的动力系统解决方案为一体的智能化高科技型企业。洺源科技深耕燃料电池动力系统、燃料电池电堆和集成控制等领域，具有完善的技术储备和丰富的项目经验，拥有发明专利、实用新型专利、软件著作权等核心知识产权数十项。

在氢能产业链方面，洛源科技是辽宁省氢能产业链的链主企业，该产业链的链长单位为辽宁省市场监管局、大连市市场监管局，涉及联动企业 181 家，重点解决燃料电池性能提升、关键技术和核心设备研发、产业计量测试中心建设等问题，打造一批有代表性的氢能产业辽宁品牌。

洛源科技以多年来的精心策划和战略部署，通过实践证明其成熟的产品应用，已经稳定地占据着大连氢能产业的关键地位。基于全产业链生态应用需求，洛源科技致力于搭建快速迭代的技术平台，以不断的创新和升级为核心，持续提升产品质量和竞争力，确保产品和服务始终保持在行业的前沿。

（二）北方华锦化学工业集团有限公司

北方华锦化学工业集团有限公司（以下简称华锦集团），是中国兵器工业集团有限公司旗下最大的工业企业，总部位于辽宁盘锦。华锦集团经营规模快速增长，发展质量和效益持续改善，在辽宁盘锦和葫芦岛以及新疆库车拥有三个生产基地，石油化工、化学肥料、道路沥青为三大主营业务板块，为我国石化产业发展和辽宁全面振兴做出了重要贡献。

在石化产业链方面，华锦集团是辽宁石化产业链的链主企业，该产业链的链长单位为辽宁省检验检测认证中心，涉及联动企业 15 家。华锦集团通过精细化工及原料工程项目煤制氢装置气化主装置等重大项目实施，带动一批上下游产业链配套项目建设，形成以高端聚烯烃为特色、新材料新能源等产业集聚发展的态势。

华锦集团自第一套化肥装置投产以来，始终坚持"为兵器尽责、为华锦争光、为员工造福"的使命，以及"融合发展建设国内领先、国际一流的兵器石化产业基地"的愿景。华锦集团的企业使命就是要着眼于建设国内领先、国际一流兵器石化产业基地的目标，推动海外资源开发，拉长下游产业链条，不断增强广大员工的使命感和责任感，形成建功立业的强大动力。

6.2.13 沈阳

（一）沈鼓集团股份有限公司

沈鼓集团股份有限公司（以下简称沈鼓集团）是中国装备制造业的战略型、领军型企业，肩负着为国家石油、化工、电力、天然气冶金、军工等领域提供重大核心设备和成套解决方案的任务。沈鼓集团是国家高新技术企业，国家机械行业通用机械风机行业、压缩机行业和泵类行业的会长单位，承担着引领国家通用机械三大类行业的发展使命。

2023 年 8 月，沈鼓集团积极推动工业互联网平台建设，以打造"整零共同体"为目标，强化与产业链上下游企业高效协同，为行业和产业的数字化转型提供技术支持和服务。沈鼓集团通过与中国寰球工程有限公司签订的中沙古雷乙烯项目乙烯三机合同等重大项目，不仅满足市场和客户对高端化工产品的需求，也将为产业链下游创造更多投资机会。

沈鼓集团将进一步强化企业创新主体地位，加速进行高端装备研发，稳步推进数字化转型，加速数字企业建设，积极实施战略管理，打造生产性服务业中心，全面进入国际市场，向系统集成供应商转变。

（二）东软医疗系统股份有限公司

东软医疗系统股份有限公司（以下简称东软医疗），总部位于辽宁沈阳。东软医疗持续聚焦于创新和价值创造，始终走在技术前沿，引领行业向高端化发展。

东软医疗的医学影像设备集多个领域的先进技术之大成，其产业链、供应链的多元化，是当前中国医疗装备产业高质量发展的关键。对此，东软医疗布局已久，除了投资孵化，更积极向中上游延伸。东软医疗发布的分布式超导磁共振系统，从谱仪、磁体，到梯度、射频、线圈等，所有核心部件都实现了自主研发，大大提升了整机的系统竞争力。作为唯一的战略投资方和产业投资方，东软医疗将与电科睿视技术（北京）有限公司强强联手，通过医用 CT 球管的自主研发和制造，打造更加安全的供应链体系，不断完善高端医疗装备产业生态，推动大型医学诊疗设备普及应用，造福民生。

通过持续创新、卓越运营提供高品质的医疗产品和服务，惠及人类健康，东软医疗致力于成为中国乃至全球医学影像解决方案及服务的领先提供商。

（三）通用技术集团沈阳机床有限责任公司

通用技术集团沈阳机床有限责任公司（以下简称沈阳机床）隶属于中国通用技术（集团）控股有限责任公司（以下简称通用技术集团），成立于 1995 年，总部位于沈阳市经济技术开发区，主导产品为金属切削机床，包括车削、钻削、铣削和镗削加工机床，累计为世界各地区提供 100 余万台机床产品，我国每生产制造 12 台机床中就有 1 台来自沈阳机床。

2023 年，由辽宁省工业和信息化厅正式批复，沈阳机床牵头 30 余家产业链上下游单位共同组建了辽宁省工业母机创新中心，该中心的成立旨在解决工业母机整机和功能部件发展的核心技术难题，加快实现工业母机自主可控。沈阳机床立足于自主研发的 i5 数控系统，结合新一代信息技术与大数据应用，以分享共赢的商业理念布局工业互联网服务平台，面向机加工行业提供"终端＋云端＋商业模式"完全贯通的智能制造解决方案，支持机加工行业上下游企业协同发展，带动整个机床行业经济效益的增长。

作为通用技术集团装备制造板块的骨干企业，沈阳机床明确走"专精特新"的高质量发展道路，聚焦极限制造、智能制造、高端制造及高效制造，着力效率变革、着力数字化转型、着力管理水平提升、着力机制体制创新，不断增强自主创新能力，努力在高端数控机床研发制造上取得新突破，在国内机床行业迈向高质量发展的进程中发挥引领示范作用，为实施制造强国战略、振兴中国机床行业做出贡献，努力打造成为引领技术发展的世界一流高端机床装备企业。

6.2.14　哈尔滨

（一）哈尔滨地平线供应链管理股份有限公司

哈尔滨地平线供应链管理股份有限公司（以下简称地平线公司）于 2016 年 1 月成立，注册资本为 4286 万元，在黑龙江黑河及俄罗斯多个地区设有分支机构，公司确立了中俄（含其他俄语国家）资源整合项目运营商的战略定位，以中俄贸易合作、科技合作、大健康产业合作三大板块为核心，聚焦中俄具有趋势性、前瞻性和国际性的创新产业，致力于打造专业化、金融化、国际化的资源整合对接服务平台，旨在积聚各方资源和智慧，规划和推动大项目的合作和融合发展。

地平线公司成立以来，先后与多个俄罗斯联邦政府背景下的企业联盟、行业协会、科技产业园等形成了战略合作伙伴关系，致力于引进俄罗斯科技、医疗、康养、文化、商业资源，并与中国本土资源结合，形成了以贸易合作为基础、科技合作为核心、金融与产业地产为驱动的一体化资源网络布局，有效推动中俄产业双向务实合作。此外，公司积极拓展其他海外国家资源，在 2021 年与西班牙有关机构达成战略合作关系，标志着地平线公司海外资源网络布局进入了新阶段。

（二）建龙阿城钢铁有限公司

建龙阿城钢铁有限公司（以下简称建龙阿钢）成立于 2001 年，位于哈尔滨市阿城区，具有雄厚的技术力量和先进的设备与工艺，形成具有现代化生产流程的钢铁联合企业，具备年产钢 100 万吨的生产能力。建龙阿钢拥有炼铁、炼钢、轧钢三个主要生产工序，配套设施包括轻轨系列产品、矿工钢系列产品、矿山支护钢系列产品、铁路器材系列产品等，被列为国家矿山用钢材生产基地。建龙阿钢还生产大中型材产品，有工字钢、槽钢、方钢、圆钢等 36 个品种 130 多种规格。

哈尔滨以建龙阿钢为核心，立足钢铁深加工产业，发展钢铁总部经济，延伸上下游产业链条，建立集全省钢铁产业原料采购、综合加工、钢材贸易、仓储物流、生产保障、循环利用、科研培训、金融服务等于一体的综合性总部园区，努力建成面向东北三省，辐射俄罗斯以及远东地区，服务国家"一带一路"倡议的综合性钢铁产业集聚区。

作为钢铁产业园区核心企业，建龙阿钢将持续发挥产业基础优势、区位市场优势和交通物流优势，着力延伸钢铁产业链，发展配套服务链，努力打造东北地区规模最大、品种最全、服务水平一流的建筑业综合服务商，高端、专业、优质的工业用钢供应商，优质钢材深加工产业基地，实现产城融合、产品结构升级、绿色智能发展。

6.2.15 长春

长春市华阳储运供应链管理有限公司

长春市华阳储运供应链管理有限公司（以下简称长春华阳）是吉林省华阳集团有限公司的全资子公司，主要业务为汽车金融监管，是一家集专业化、标准化、品牌化于一体的汽车金融监管公司。

长春华阳现与中信银行、光大银行、中国银行、招商银行、中国建设银行、中国工商银行、交通银行、浦发银行等建立了良好的合作关系，为客户提供商品车等监管服务，并且通过汽车金融信息管理系统有效提高汽车厂家、经销商、银行、监管机构四方的联系，加快信息传递，防范风险。

长春华阳以"专家型监管、个性化服务"为准则，以全面提升客户服务质量为目标，创立供应链金融服务品牌。凭借着"优质服务，优惠价格"的服务理念，拥有 1300 余家合作经销店。长春华阳坚持用企业文化提升企业核心竞争力，使企业在发展中树立起良好的社会形象。